인상파 화가의 연인들

구활 미술에세이

인상파 화가의 연인들

수필과비평사

서문

바이러스 쓰나미를 피해
인상파 화가들의
꽁무니만 쫓아다녔다.
이 책 한 권만 겨우 남았다.
책 속의 글들은 읽어도
별로 배울 게 없다.
배울 게 없는 것을
교훈으로 삼으면
본전이 넘는다.
코로나 시대에
본전이 넘으면
크게 남는 장사다.
장사 성공하시기를.

2021년 봄

구 활

차례

용서 못할 사랑

용서 받지 못할 여인을 사랑한
제임스 티소
17

어머니 불륜 현장 목격
에드가 드가
22

망나니 불꽃 화가
메리시 다 카라바조
28

잠바코의 전쟁 같은 연애
에드워드 번 존스
34

하늘의 별이 된 부부
아메데오 모딜리아니
40

화끈하게 즐기다 돌발사한
라파엘로 산치오
46

연인의 임종을 그린 슬픈 초상화
클로드 모네
52

풀밭 위의 점심 식사
에두아르 마네
58

아내의 혼전 아이가 아버지의 아들
에두아르 마네
63

모델 마고를 사랑한
피에르 오귀스트 르누아르
69

카미유와 로뎅

카미유의 처절한 사랑
오귀스트 로뎅
77

전쟁터에서 총 맞아 숨진
장 프레데릭 바지유
82

타히티 처녀들을 사랑한
폴 고갱
88

아이 다섯 매춘부를 사랑한
빈센트 반 고흐
94

아들 낳고 이틀 뒤 숨진
조르주 피에르 쇠라
104

맑은 유리창을 비 젖은 듯 울게 한
마리안네 폰 베레프킨
110

키스할 나이에 이승을 뜬 「키스」 화가
구스타프 클림트
115

여동생을 사랑한 천재 화가
에곤 쉴레
121

하녀를 사랑한 인상파 화가
카미유 피사로
127

자연을 관통하는 끝없는 절규
에드바르 뭉크
133

난쟁이 화가와 몽마르트르 무희들
앙리 드 툴루즈 로트렉
138

연인에게 깊은 상처 심고 도망친
바실리 칸딘스키
145

아모르 파티

아모르 파티(Amor fati)
수잔 발라동
153

매춘부의 아들, 백색白色화가
모리스 위트릴로
158

사랑 없이 결혼한
폴 세잔
164

꿰미에 굴비처럼 엮인 여인들
파블로 피카소
170

피카소가 그림을 사준 늙은 화가
앙리 루소
178

여인의 누드만 그린 야수파 화가
키스 반 동겐
184

눈 감아도 떠오르는 연인의 초상
오스카 코코슈카
190

샤갈의 마을에 내리는 눈
마르크 샤갈
196

늘그막에 소녀에게 장가들다
피터르 파울 루벤스
203

열 살 연상 여인을 사랑한
살바도르 달리
209

곡예사의 첫사랑

곡예사의 첫사랑
베르나르 뷔페
217

그대 무덤 발치에 날 묻어 주오
산드르 보티첼리
222

진주 귀걸이 소녀
요하네스 페르메이르
228

화가에게 몸을 허락한 공작부인
프란시스코 고야
234

여자보다 그림을 사랑한
조지프 말로드 윌리엄 터너
240

쇼팽과 연인 상드의 초상
외젠 들라크루아
246

이발소 그림 「만종」
장 프랑수아 밀레
252

아담의 두 번째 마누라
귀스타브 쿠르베
258

누드모델 때문에 황혼 이혼
앙리 에밍브누아 마티스
264

창녀와 광대를 사랑한
조르주 루오
270

제5장

기차는 8시에 떠나네

기차는 여덟 시에 떠나네
트레이시 에민
279

돌아온 탕자
렘브란트 하르먼손 반 레인
283

오줌과 똥도 예술품
마르셀 뒤샹과 피에로 만초니
289

바람쟁이 만나 신세 망친
프리다 칼로
296

자화상이 절규하다
아비그도르 아리카
302

하늘과 공기만 그린 화가
알프레드 시슬레
306

용서 못할 사랑

제임스 티소 **여름**, 1878년, 캔버스에 유채, 92.1×51.4㎝

용서 받지 못할 여인을 사랑한
제임스 티소

James Tissot

화집을 뒤적이다가 너무 아름다운 여인을 발견했다. 좀처럼 그런 일이 없었는데 내 손이 그녀의 장밋빛으로 물든 뺨을 만지고 있었다. 손의 감각이 종이의 질감으로 느껴지지 않았다. 여인의 진짜 얼굴에서 전해오는 포동포동하면서 누르면 터질 것 같은 그런 설레는 감촉이 소름으로 돋아났다.

그림은 원래 시각예술로 태어났지만 두 눈이 보내오는 신호에 따라 손이 뻗어 나가 볼과 도톰한 입술을 만지게 한 것은 촉각예술로 진화한 것은 아닐까. 흔히들 이발소 그림이라 부르는 밀레의 「만종」을 보고 있으면 나른하게 퍼져오는 깊은 종소리를 분명하게 들을 수 있다. 화면 맨 끝의 십자가 성당에서 들려오는 종소리는 화폭에 머물지 않고 음악으로 바뀐다.

이때부터 시각예술인 그림이 청각예술로 바뀌어 종소리가 그렇게 아름답게 들릴 수가 없다. 멀리서 출발한 종소리가 화면 밖으로 튀어나가 돌아오지 않는다 해도 그 소리가 소멸되는 것은 아니다. 종소리는 시원始原은 있어도 종미終尾는 없다. 그러나 소리는 질량 불변의 법칙처럼 들리지 않아도 절대로 없어지는 것은 아니다. 그림은 음악이 되어 다시 예술로 길이 남게 되는 것이다.

제임스 티소(1836. 10. 15. ~ 1902. 8. 8.)가 그린 그의 연인 캐슬린 뉴턴의 초상화를 보면 분명 눈으로 즐기는 시각예술이 분명한데 두 팔이 없는 나신의 비너스처럼 촉각으로 즐기고 싶은 충동을 느끼게 된다. 화집의 첫 장부터 끝장까지 넘겨 가면서 티소가 그린 캐슬린 뉴턴의 모습을 보고 있자니 반할 만큼, 아니 미칠 만큼 아름다웠다.

나의 그림 보는 취향은 사진처럼 그린 극사실화는 좋아하지 않고 반 고흐나 로트렉 등 19세기 인상파 화가들이 그린 마티에르가 두텁고 둔탁하지만 이미지만은 선명한 그런 그림들을 선호해 왔다. 그런데 늦게 발견한 티소가 그린 여인들의 초상은 극사실화에 가까웠지만 입맛이 당기는 그림이었다.

프랑스 낭트에서 부유한 상인의 아들로 태어난 티소는 스무 살 무렵에 화가가 되기로 결심하고 파리로 진출했다. 그는 에콜 데 보자르에서 전통 아카데미식 미술교육을 받아 세련된 드로잉과 우아한 색채를 구사할 줄 아는 기교를 배워 23세 때부터 살롱전에 작품을 발표했다. 그는 여인들의 초상을 아름답게 그리는 재주가 있어 파리의 귀부인들이 티소가 그린 자신의 초상화를 가지는 것을 자랑으로 여겼다.

티소는 28세 되던 해에 캐슬린 뉴턴(1854~1882)이란 여인을 만나게 된다. 그는 그 여인을 죽을 때까지 사랑했으며 죽고 나서도 한없이 그리워했다. 그녀는 당시 빅토리아 시대인 영국사회의 전통에선 용서받지 못할 혼외 임신으로 아이를 낳은 여인이었다. 이와 비슷한 이야기는 미국 작가 나타니엘 호손이 쓴『주홍글씨』란 소설에 나온다. 주인공인 헤스터 프린이 간통(Adultery)이란 단어의 약자인 'A'자를 주홍으로 새긴 표지를 가슴에 달고 다녀야 했던 이야기와 같은 맥락이다.

티소가 그린「겨울 한낮의 산책」이란 그림은 주변의 다른 부인들이 캐슬린이 가슴속에 품고 있는 주홍글씨를 곁눈질로 바라보며 노골적으로 수군거리는 장면이다. 그녀의 얼굴 모습은 아름답지만 불안감이 감돌고 있으며 뭔가 모르게 감정을 억누르고 있는 것같이 보인다. 그녀는 스스로 삶을 결정하지 못했고 아무것도 소유하지 못하는 껍데기 인생을 살고 있었다.

캐슬린 뉴턴의 가슴속에 넣고 다니며 남몰래 흐르는 눈물을 주체하지 못했던 주홍글씨 이야기를 풀어내 보자. 그녀는 인도의 동인도회사에서 복무 중인 군인의 딸이었다. 수녀원에서 엄격한 가톨릭 교육을 받은 후 17세 때 인도에서 외과 의사로 일하는 아이잭 뉴턴과 결혼하기 위해 배를 타고 인도로 떠난다. 이성을 만나 본 적 없는 사춘기 소녀는 항해 도중 멋쟁이 마도로스인 팔리서란 선장에게 마음이 끌려 선상 로맨스를 진하게 벌여 임신하게 된다.

1871년 1월 3일 결혼식을 마친 후 '숨길 것인가, 밝힐 것인가' 사이에서 고민하다가 결국 남편에게 배 위에서의 아모르 파티를 고백하게 된다. 신혼의 단꿈 속에 재 한 바가지를 뒤집어쓴 신랑은 가차 없이 이혼을 통고한다. 캐슬린은 타고 왔던 배를 다시 타고 돌아가야 했다. 캡틴 팔리서는 귀국하는 캐슬린의 여행 경비를 물어주면서 떠나보내기엔 선상 파티의 추억이 너무 아련하고 그녀의 미모가 너무 아까워 청혼했으나 거절당했다.

캐슬린은 남편과의 법률상 이혼이 마무리된 그해 12월 20일 캡틴 팔리서의 딸 뮤리엘 메리 바이올렛을 낳았다. 그녀는 런던으로 돌아와 줄곧 세인트 존스우드에 있는 언니 집에서 생활해 왔다. 그녀가 평생 연인으로 지낸 화가 티소를 언제부터 만났는지는 기록이 명확하지 않다. 어쨌든 5년 후인 1876년부터 티소의 저택에서 동거하면서 아들 조지를 낳았다. 조지의 아버지가 티소인지 아니면 동네 건달인지 그것 또한 알 길이 없다.

대부분의 여인들은 소리 없이 꽃을 피우지만 캐슬린은 아우성치며 꽃잎을 활짝 열어젖히는 성품이어서 제 마음을 자기 스스로가 감당하지 못한 듯하다. 다만 한 가지 분명한 것은 티소의 유언장엔 캐슬린이 낳은 남매에겐 단 한푼의 유산도 넘겨주지 않았다는 사실이다. 조지는 누구의 아들일까.

그래도 티소는 캐슬린을 버리지 않았다. 그녀는 폐결핵을 앓고 있는 환자였다. 요즘은 결핵약이 많이 개발되어 쉽게 치유할 수 있지만 당시에는 신선한 공기와 빛 밝은 햇살이 유일한 치료제였다. 티소는 저택의 정원을 아름답게 꾸며 캐슬린이 아이들과 즐길 수 있도록 만들어 주었다. 티소는 정원과 집안 거실에서 아이들과 놀고 있는 캐슬린을 화폭에 담았다. 특히 「숨바꼭질(Hide and seek)」(1877년)과 「여름(Summer)」은 뛰어난 작품이다.

그림에서 캐슬린은 결핵 환자의 창백한 얼굴을 가리기 위해 핑크빛 볼 화장을 짙게 했지만 밖으로 스며 나오는 우수의 그림자는 지울 수 없었다. 캐슬린은 1882년 28세의 나이로 아편 과다 복용으로 스스로 목숨을 끊었다. 티소는 상심한 가슴을 쓸어내리며 4일 동안 관을 지키다 그가 애지중지하던 화구와 집기를 버려두고 세인트우드를 도망치듯 떠나 파리로 가버렸다. 그는 죽을 때까지 영국으로 돌아오지 않았다.

티소는 파리의 사교계에 다시 발을 들여놓고 3년 동안 여인들의 초상을 그렸다. 그후 팔레스타인을 순례하면서 종교에 몰입하여 17년 동안 은둔 생활을 하면서 그리스도의 생애와 성경에 나오는 선지자와 예수의 제자 모습들을 캔버스에 담았다. 한때는 신령주의에 경도되어 캐슬린의 영혼을 만나보려고 접신을 시도했으나 실패했다. 그는 1902년 8월 캐슬린이 먼저 올라가 이승을 내려다보며 손짓하고 있는 하늘나라로 올라갔다.

어머니 불륜 현장 목격

에드가 드가

Edgar Degas

이렇게 황당한 사람은 처음 본다. 과거에도 보지 못했고 앞으로도 영원히 만나지 못할 특별한 인간이다. 그가 태초에 에덴동산에서 혼자 살았다면 하나님께서 아담의 갈비뼈 하나를 빼내 이브를 만들지 않았을 것이다. 설사 이브가 곁에 머물고 있었다 하더라도 나뭇잎으로 부끄러운 부분을 가리지도 않았을 것이며 섹스를 통해 자식을 낳지 않았을 것이다. 그러면 마태복음 첫 장에 나오는 아브라함이 이삭을 낳고 이삭이 야곱을 낳는 그런 구절은 삭제하든지 아니면 대폭 수정해야 할 것이다. 그가 태초에 에덴에서 태어나지 않았음은 다행이 아닐 수 없다.

그의 이름은 에드가 드가(1834~1917)라는 프랑스 인상파 화가다. 드가는

애드가 드가 **무대 위의 발레리나**, 파스텔, 1876~1877, 60×43.5cm

여성을 혐오스럽게 생각하는 금욕주의자이자 독신주의자다. 정작 그가 즐겨 그리는 그림의 대상은 발레리나, 서커스 크라운 등 여성들이었지만 성적으로 여자를 가까이하는 것을 정말 싫어했다. 그는 아무리 멋있고 섹스어필한 여인이 유혹해 와도 대뇌에서 작용하는 성호르몬이 작업 지시를 내리지 않아 그것(?)이 요지부동인 채로 멈춰 있었을 뿐이다.

드가가 만약 에덴을 지배하는 최초의 인간이었다면 종족 보존의 길이 막혀 지구는 화성이나 달나라처럼 먼지만 폴폴 나는 사막이 되었을 것이다. 파리 몽마르트르 주변을 서성이던 매춘부 출신의 유명 모델이자 나중 화가가 된 수잔 발라동이 주변 화가들의 들쑤심에 힘입어 드가에게 연애를 걸어 봤지만 애수에 젖은 눈빛의 먹음직한 미끼를 쳐다보기만 하고 덥석 물지는 않았다.

드가보다 두 살 위인 마네는 "그 친구는 여자에게 사랑한다고 말할 수도 없고, 여자를 사랑할 수도 없는 그런 인간"이라고 말한 적이 있다. 당시 마네, 모네, 칸딘스키 등 인상주의 화가들은 여러 명의 연인들을 거느리고 있었지만 유독 드가만은 예외였다. 그는 "바라볼 사람은 자신뿐이며 생각할 사람도 나 자신밖에 없다."며 좀처럼 사랑의 감정을 드러내지 않았다.

그는 부유한 은행가 집안에서 태어나 윤택한 어린 시절을 보냈다. 아버지는 그림은 물론 예술에 조예가 깊었으며 아들의 재능을 미리 알아차리고 화가의 길로 나서도록 적극적인 지원을 해주었다. 아버지를 그린 '알레르 드가'란 초상화를 보면 줄무늬 안락의자에 앉아 있는 여든일곱의 노인이 황금색 지팡이를 손에 쥐고 있다. 검은색 외투에 흰색 조끼, 그리고 검은 넥타이를 맨 것으로 보아 프랑스 상류사회의 멋쟁이 냄새를 은은하게 풍기고 있다. 드가는 부친 사후에 우울증이 걸릴 정도로 아버지에 대한 존경과 사랑이 지극했다.

그가 여인을 사랑하지 못하고 외톨이로 지내는 데는 상당한 이유가 있었다. 어릴 적 어머니가 아버지의 친형제와 한 이불 속에서 섹스를 하는 장면을 목격한 것이다. 어머니는 성격이 활달했으며 고지식한 은행가 남편보다는 젊고 멋있는 청년을 사랑한 것이다. 드가의 여성 혐오증은 여기에서 출발한 것으로 보인다.

드가의 아버지는 아내의 외도를 외면하고 홀로 고통의 시간을 보내고 있었다. 괴로움이 도를 넘어 회사 경영을 소홀히 한 탓으로 도산하기에 이르렀다. 나이 어린 드가는 나락으로 떨어지는 아버지가 폐인이 되어가는 모습을 멍하니 바라볼 수밖에 없었다. 열세 살 무렵 어머니가 숨지는 불행이 겹치자 어머니에 대한 분노가 이별의 슬픔과 그리움이 범벅이 되어 이 세상에 살아 있다는 사실이 싫어졌다. 동시에 어머니가 미워지면서 모든 여성들에게 적개심 비슷한 감정이 자신도 모르는 사이에 싹트기 시작했다.

드가는 성인이 되자 가출하여 파리에서 화가의 길로 나섰다. 그는 젊은 시절 루이르그랑 중등학교를 졸업하고 파리대학 법학부에 들어갔으나 적성에 맞지 않아 국립미술학교에 입학한 적이 있다. 화가가 될 운명을 타고났는지 루브르 박물관을 드나들면서 대가들의 그림을 보면서 공부를 시작했다. 이탈리아를 여행하면서 르네상스 거장들의 그림을 보기도 하고 화가들을 찾아가 배우기도 했다. 1865년 처음으로 살롱에 「오를레앙시의 불행」이란 작품을 출품했으며 이어 인상파 전시회에 참가하기도 했다.

그는 독자적인 노선을 택해 눈에 보이는 것만 그리기도 하고 그린 것을 변형시켜 전혀 다른 그림을 만들기도 했다. 발레리나들의 춤추는 모습을 그리면서 그녀들이 무대에 오르기 전의 모습과 발레를 끝내고 쉬는 모습들을 많이 그렸다. 무희들의 얼굴은 예쁘게 그리지 않고 한결같이 일그러지게 그리든가 형체를 모호하게 짓이겨 놓는 것이 그의 특기였다.

한번은 마네의 집에 초대를 받아 소파에 비스듬히 앉아 음악을 듣고 있는 마네와 피아노를 연주하는 아내의 모습을 그리면서 유독 안주인의 모습을 흉측하게 그렸다. 마네는 독신으로 살고 있는 드가를 친형제처럼 대해 왔는데 그림 속의 아내 모습을 마음에 들지 않게 그리자 칼로 도려내 버린 후 "다시는 너와 만나지 않을 거야."라며 절연하고 말았다.

파리의 최고 가수인「개의 노래」를 불러 유명한 테레자를 그리면서 두 손을 개의 앞다리 모양으로, 입 모습은 개의 주둥이처럼 혐오스럽게 그려 욕을 바가지로 얻어먹은 적도 있다.

드가는 어머니의 일탈된 행동을 우연하게 목격한 후 '사랑에 상처받은 사람'으로 불행한 일생을 보낸 안타까운 화가지만 그렇게 슬퍼하거나 노여워할 일은 아니다. 어머니에 대한 증오심에서 출발하여 여성 혐오감으로 나타난 드가의 그림이 과거에는 볼 수 없었던 파격적인 표현 양식으로 평가받아 그를 인상주의 대표 화가로 올라서는 계기가 되었다. 그게 어머니의 공이 아니고 무엇이랴. 자식은 어미를 평생토록 미워했지만 어미의 사랑은 죽어서도 자식을 품에 품고 일으켜 세웠다.

드가는 생애 내내 여성을 미워하고 비하하면서 독신으로 살다 83세 나이로 1917년 9월 가을볕이 따사로운 파리에서 숨을 거뒀다. 장례식에 몇 사람의 여성 조객들이 찾아왔는지는 기록에 남아 있는 게 없다. 무균 상태로 순결을 지켜온 드가의 삶에 안타까운 경의를 표한다. 우리 모두가 그렇게 살아오지 않은 것을 퍽 다행스럽게 생각한다.
　여자의 맛을 모르는 드가 만세, 남자의 맛을 너무 즐긴 엄마 만세,

망나니 불꽃 화가

메리시 다 카라바조

●

Michelangelo Merisi da Caravaggio

　미켈란젤로 메리시 다 카라바조(1571. 9. 29. ~ 1610. 7. 18.)는 '불한당'이란 표현이 가장 어울리는 파란만장한 삶을 산 이탈리아 화가다. 그는 16세기 후반의 가장 혁신적인 화가로 르네상스 시대를 끝내고 바로크 시대를 연 장본인이다. 그는 후배 화가들에게 많은 영향을 끼친 위대한 화가지만 다른 면을 보면 방탕아이며 살인자이자 툭하면 주먹을 휘두르는 폭력배였다.

　그는 재기 불능의 부랑아로 수사 기록에 15번 이름이 올랐으며 7번이나 유치장 신세를 지고 짧은 생애의 절반쯤은 도망자 신세로 살았던 개망나니다. 그는 법과 경찰력이 제대로 작동하지 않는 통제 불능의 인간 말종이다. 술자리에선 잘잘못을 따지지 않고 걸핏하면 주먹이 날아갔으며 도박판에선

여차하면 칼을 빼 들었다.

로마의 거리에서 창녀를 사이에 두고 싸움판을 벌이다가 귀족을 찔러 치명상을 입히고 제노바로 도망쳤다. 한 번은 야간 순찰 중인 교황청 경찰의 머리에 일격을 가해 살해하고 구속 중에 탈옥하여 도망을 다녀야 했다. 그는 나폴리로 피신하여 교황에게 사면을 청했으나 실패하고 다시 몰타섬으로 달아나 수도자가 되려고 했다.

그곳에서 성 세례 요한의 순교 장면을 그린 성화를 기증하여 신임을 얻어 기사로 임명되었지만 또다시 싸움을 벌여 기사단원에게 중상을 입히고 도주했다. 그는 시칠리아의 도시 시라쿠사의 친구 집으로 갔으나 자객에게 습격당해 얼굴을 알아볼 수 없는 정도의 큰 부상을 입었다고 전해지고 있으나 확실하지는 않다. 카라바조는 그곳에서 도망쳐 다시 나폴리로 갔으나 운명은 더이상 뒤를 봐 주지 않았다. 그는 로마 부근 포르토 에르콜레 해변에서 사인이 밝혀지지 않은 채 39세의 나이로 황천 열차를 타고 먼 길을 떠나버렸다.

그의 타고난 성품의 단면은 이렇게 개차반 같은 면도 있지만 화가 카라바조는 뛰어난 재능을 가진 위대한 예술가로 칭송받고 있다. 그는 후작의 집사 겸 건축가인 아버지 페르모 메르시의 아들로 태어나 13세의 어린 나이로 화가의 길로 들어섰다. 그는 빛과 어둠의 강렬한 대비를 화폭에 끌어들인 이른바 테네브리즘(Tenebrism)이란 명암표현법의 창시자로 렘브란트와 루벤스에게 크게 영향을 끼쳤다.

이 기법은 연극 무대의 스포트라이트처럼 중요한 대상을 집중 조명하는

성 마태오의 순교
The Martyrdom of St Matthew, 1599~1600,
캔버스에 유채, 343 x 323 cm

방식으로 인간의 내면 표출에 대한 화가의 욕구를 잘 나타내기 위해 개발한 것이다. 그는 여기에서 그치지 않는다. 「성 마태의 소명」과 「성 마태의 순교」와 같은 명화 반열에 오른 엄숙하고 경건한 성화를 그리기도 했다. 그 작품은 로마의 프란체시 성당에 나란히 전시되어 있다. 그러나 카라바조는 정상적인 길을 걷다가도 마음속에 동요가 일면 예수를 노동자로, 성모 마리아를 추한 노파로, 창녀와 시체를 그림으로 그려 교계에 물의를 일으키기도 했다.

카라바조는 많은 양의 세속화를 그렸는데 주로 동성연애 또는 남색을 즐기는 작품이 대부분이었다. 델 몬테 추기경은 그의 재능을 일찌감치 알아차리고 자신의 집에 기거하게 하고 거룩한(?) 추기경답게 이상야릇한 그림들을 그리게 하여 취미 삼아 모아 두었다. 다른 성직자들도 권위적인 전통 성화에 싫증을 느끼고 서민적 이미지의 그림들을 선호하기 시작했다. 대표적인 작품이 「류트를 치는 소년」으로 모델인 소년은 카라바조의 동성애 상대인 미소년이라고 한다.

카라바조는 젊은 시절부터 잡놈 기질이 농후했다. 로마로 옮겨 오기 전부터 그는 여성을 상대로 한 쾌락의 진미를 즐기는 난봉꾼이었다. 1590년 어머니가 사망한 후 꽤 많은 재산을 유산으로 물려받았으나 술과 도박 그리고 섹스로 탕진하고 빈털터리가 되었다. 기록을 보면 그가 사랑했던 여인의 이름은 단 한 사람도 거론되지 않고 있다. 탕아 시절에 무분별한 황음으로 진정으로 사랑했던 여인은 없었던 것 같다. 그저 닥치는 대로 육욕의 만족만 얻으면 그게 끝이었고 그리움이니 사랑이니 그런 서정적인 표현은 낡아 빠진 치사스러운 진부함의 소산이라고 생각한 것 같다.

그가 젊은 시절에 그린 그림 속에는 여인이 보이지 않는다. 어쩌면 카라바조는 남자를 사랑하게끔 그렇게 태어났는지 모른다. 그의 그림 속에는 앳된 소년들이 야릇한 분위기를 풍기며 여인들이 설 자리를 대신 차지하고 있다. 루브르 박물관에 소장되어 있는 「점쟁이 여인」 옆에는 10대의 예쁘장한 소년이 자리를 지키고 있다. 점쟁이 여인은 에스트렐라라는 집시 여인이며 미소년은 마리오 미티니란 시칠리아 출신의 어린 화가로 카라바조의 화실에서 함께 기거하고 있었다. 카라바조가 그린 많은 그림 중에 예쁘장한 귀공자는 모두 마리오가 모델이다. 세간에선 마리오가 카라바조의 연인이란 소문이 파다하게 퍼져 있었다. 이렇듯 카라바조의 사랑은 미소년을 연인으로 두는 아주 특색 있고 별난 짓을 좋아했다.

카라바조는 술의 신 '바쿠스'를 두 차례나 그린 적이 있다. 첫 그림 「병든 바쿠스」는 그가 23세 무렵 쾌락을 쫓아다닐 때에 육체와 정신이 황폐할 대로 황폐해진 자신을 그린 그림이다. 눈동자는 맑지 못하고 쾌락에 젖은 피곤으로 입술은 불어터져 있으며 어느 한곳도 건강한 기색은 보이지 않는 타락한 자의 전형적인 모습이다. 두 번째 그림은 「청년 바쿠스」다. 그는 젊은 시절 너무 많은 쾌락을 겪었기 때문에 또다시 탐욕의 늪에 빠지지 않을까 하는 두려움에 떨고 있는 모습을 그린 것이다. 그는 짧은 생애 동안에 많은 그림을 그렸지만 자화상은 단 한 점도 그리지 않았다. 바쿠스를 그린 두 점의 작품을 한데 합치면 '그것이 카라바조의 자화상'이라고 평자들은 말하고 있다.

카라바조는 다중이 모여 있는 자리에 가면 사람들이 돌아앉을 정도로 몹쓸 짓을 많이 저지른 괴팍한 화가다. 당시의 로마 가톨릭 교회는 갑작스런 개신교의 등장으로 신도들의 마음을 붙잡아 둘 요량으로 신화적인 성화로 그들을 감화시키려고 무진 노력을 기울이고 있었다. 그러나 카라바조는 인간을 인간으로 보았을 뿐 성인으로 보지 않았다. 그는 뒷골목을 오가는 한때 자신과 같은 불량배와 매춘부 그리고 거지들을 모델로 끌어들여 막장 인생인 그들을 그리스도 또는 성자로 그리고 막달라 마리아로 둔갑시켰다. 화가의 눈에는 인간은 인간이지 신이나 성인이 될 수 없음을 작품으로 설명했다.

카라바조의 그림 중에서 「유디트와 홀로페르네스」는 2019년 1900억 달러에 팔렸다. 또 베스트셀러 소설 「다빈치코드」의 첫 장에도 카라바조의 작품이 장식하고 있다.

어쨌든 카라바조는 용서받을 수 없을 만큼 악행을 저질렀지만 결국 국민적 영웅이 되어 10만 리라짜리 이탈리아 화폐에 그의 얼굴이 올려졌다. 그는 많은 그림을 남긴 천재였다. 많은 여인들과 놀아났으나 데리고 살았던 여인은 없었다. 그는 어떤 여인도 그리워하지 않았다. 요절하지 않으면 천재가 아니라고 한다. 그는 일찍 죽었다.

• 메리시 다 카라바조 •

잠바코의 전쟁 같은 연애
에드워드 번 존스

●

Sir Edward Coley Burne Johons

19세기 화가와 모델의 연애는 일상에 가까웠다. 그걸 연애 사건이라 하기엔 배고픈 자가 밥 먹는 것과 크게 다르지 않아 옐로 페이퍼에서 흥미 기사로 취급해 주지 않았다. 번 존스와 잠바코의 연애는 운명적이었고 전쟁 같은 사랑이었다.

에드워드 번 존스(1833. 8. 28. ~ 1898. 6. 17.)는 버밍엄에서 태어나 일찍부터 중세 문학과 역사에 심취해 있었다. 옥스퍼드 엑시티 칼리지에서 공부할 때까지는 화가가 되리라곤 생각조차 못 했다. 그의 절친인, 근대 디자인의 선구자로 불리는 윌리엄 모리스와 함께 프랑스 여행 중에 단테 가브리엘 로세티란 예술가를 만난 것이 화가의 길로 들어서게 된 동기가 되었다.

번 존스는 로세티를 만난 것이 개안이 되어 다니던 대학을 그만두고 화가가 되기로 마음을 굳혔다. 모리스 역시 성직자의 꿈을 접고 예술가 겸 건축가로 살기로 결심했다. 번 존스는 어릴 적부터 관심을 가진 문학과 성경을 기초로 한 신화와 성화를 주제로 그림을 그리기 시작했다. 그의 그림은 신비스러우면서 낭만적 요소가 섞여 있어 상징과 은유가 많이 함유되어 있었다.

번 존스가 화가로서 자리가 잡혀가자 감리교 목사의 딸 15세인 조지아나 맥도날드와 약혼식을 올리고 4년 뒤인 1860년에 혼인예식을 올리게 된다. 아내인 조지아나는 훌륭한 집안에서 성장하여 예술적 소양은 물론 사려가 깊고 자상한 성품을 타고난 착실한 규수였다.

조지아나의 자매들은 모두 학자 또는 이름난 화가의 아내가 되어 주변에선 이름난 가문으로 소문이 나 있었다. 자매들의 배우자는 화가인 존 록우드 키플링, 학자인 앨프레드 볼드윈, 화가인 에드워드 포인트경 등이다. 그들의 자녀 중에는 노벨문학상의 수상자인 『정글 북』의 작가 조셉 키플링과 영국 총리를 지낸 스탠리 볼드윈 등이 있다.

아내 조지아나가 어린 아들이 앓고 있는 홍열병에 감염되어 둘째 아이를 조산하고 산후조리를 하고 있을 때 역사적인 사건이 터지고 말았다. 마리아 테레사 잠바코라는 걸출한 미녀가 번 존스 앞에 나타나 영혼의 갈피를 찢어 놓고 말았다. 잠바코는 런던의 부유한 사업가의 딸이었다. 그녀는 그리스계 의사와 결혼하면서 남편의 성을 따라 잠바코라고 불렸다. 두 딸을 낳았으나 결혼생활이 원만치 않아 이혼하고 런던으로 돌아왔다.

번 존스 **마리아 잠바코의 초상**, 1870년, 과슈, 76.3×55cm

친정어머니를 필두로 집안에는 미술애호가들이 많아 화가들과 자주 어울려 친해졌다. 잠바코는 신화의 그림 속에 나오는 여인들처럼 너무 아름다워 그녀를 한 번 본 적이 있는 화가들은 절세미인을 뜻하는 'stunner'라고 부를 정도였다.

그녀의 어머니가 딸의 초상을 그려달라는 요청으로 번 존스는 잠바코를 처음 만났다. 깜짝 놀랐다. 눈인사가 끝나기도 전에 눈빛이 불꽃으로 튀어 올랐다. 그가 여태까지 만난 모델 중에 잠바코의 미모를 따라올 여성은 아무도 없었다. 사랑은 첫눈에 눈이 멀듯이(love is blind) 번 존스는 사랑에 빠져들고(fall in love) 말았다. 영혼이 탈출해 버린 번 존스는 사랑하는 아내 조지아나도 눈에 보이지 않았다.

어릴 적부터 그리스 신화의 세계에 빠져 있던 번 존스는 그리스계 여인을 만났으니 신화에 나오는 아프로디테가 바로 잠바코라고 착각할 정도였다. 그는 잠바코의 초상을 그린다는 것이 사랑의 전령사인 큐피드를 그렸으며 탁자 위에는 그녀가 쏜 화살을 얹어 두었다. 그가 잠바코를 얼마나 사랑했는지 화살의 쪽지에 "26세 마리아, 1870년 8월 7일 에드워드 번 존스"라고 쓸 정도로 그는 미쳐 있었다.

번 존스가 걷잡을 수 없이 빠져들자 친구인 찰스 하웰이 잠바코를 번 존스의 집으로 몰래 불러 아내 조지아나를 만나게 했다. 그들의 불륜 사실을 미리 알려 모닥불이 큰불로 번지지 않도록 번 존스를 가정으로 돌아오게 하려고 아름다운 음모를 꾸민 것이다. 그런 사실을 알 리 없는 번 존스는 아내와 연인이 함께 집안에 있는 것을 보고 당황하여 난로에 머리를 박아 졸도

하기도 했다.

 민감하고 여린 성격의 번 존스는 가정과 연애의 틈바구니에서 헤어나지 못하고 잠바코와 동반 자살하기로 입을 맞추었다. 그들은 동네 옆으로 흐르는 깊은 수로에 몸을 던지기로 모의하고 날짜와 시간까지 잡았다. 막상 물에 손을 넣어 보니 너무 차가워 자살은 아무나 하는 것이 아니란 걸 늦게 깨달았다. 맘속의 갈등은 안정을 잃게 하는 법이어서 번 존스는 가족과 사랑을 모두 버리고 로마로 도망쳐 버렸다.

 하루아침에 사랑을 잃어버린 잠바코는 그가 숨어 있을 만한 동료의 화실을 뒤졌지만 런던에서 그를 찾을 수는 없었다. 로마에서 병에 걸린 번 존스는 제 발로 돌아왔다. 갈 곳은 불꽃 같은 연인의 품이 아니라 아늑한 평화와 행복이 깃들어 있는 아내가 기다리고 있는 원래의 보금자리였다. 조지아나는 설익은 바람쟁이 사내를 갸륵하게 여겨 따뜻한 손으로 간호를 해 주었다.

 용기와 결단력이 없는 번 존스에 실망한 잠바코는 그가 결코 가정을 버릴 수 있는 야망의 사내가 아니란 걸 알아차렸다. 그녀는 꿈을 실현하려 했던 런던을 버리고 파리로 갔다. 파리의 예술가 중에서 가장 유명한 조각가 로댕을 찾아가 제자 되기를 청했고 로댕은 잠바코의 미모를 보고 즉석에서 "오, 예스!" 하고 소리를 질렀다.

 로댕은 로즈 뵈레라는 모델 출신 연인을 가까이 두고 있으면서 19세의 카미유 클로델이란 소녀를 조수로 기용하여 그녀를 동거녀로 만든 플레이 보이였다. 용모가 뛰어난 잠바코라는 굴러들어온 행운의 선물을 그냥 두고만 보았을까. 잠바코는 로댕 주변에서 평생 독신으로 지냈다. 번 존스는 그녀가 떠난 이후에 후회와 참회 그리고 사랑의 아픔을 그린 그림 속에 잠바코를 머물게 하였다. 그는 지인에게 보낸 편지에 "그녀에게 하고 싶은 말을 그림으로 쏟아붓는다네."라고 쓴 적이 있다.

번 존스의 아내 조지아나는 남편이 잠바코와 바람 속에 흔들렸던 4년이란 기간 동안에 남편 친구인 윌리엄 모리스와 연인 사이라는 소문이 퍼져 있었다. 모리스는 남편을 버리라고 끈질기게 요구했지만 조지아나는 거절하고 남편과 바람맞이 언덕에서 결혼 후 30년이란 긴 세월 동안 함께 살았다. 모리스의 아내 제인은 남편이 조지아나에게 매료되어 가정을 등한시하자 남편 친구인 로세티와 어울려 연정을 불태웠다고 한다. 그리고 보니 번 존스, 모리스, 로세티 등 세 친구들이 여인들 사이에서 허둥대는 모습을 보면 개 파티(dog party)에 모인 수캐들이 암캐 꽁무니를 향해 달려가는 현장을 보는 것 같다. 조지아나는 남편 번 존스가 사망하자 '번 존스 전기'를 직접 집필했으며 연인이었던 모리스가 임종할 때도 애착의 끈을 놓지 않았다고 한다. 얼씨구 저절씨구 지화자 좋다.

하늘의 별이 된 부부
아메데오 모딜리아니

Amedeo Modigliani

　이탈리아 화가 아메데오 모딜리아니(1884. 7. 12. ~ 1920. 1. 20.)는 천재다. 사람들이 천재를 알아보는 데는 오랜 시간이 걸린다. 천재는 다이아몬드 원석과 같아 갈고 닦지 않으면 그냥 돌이다. 그걸 시간과 공간 그리고 사람이 만들어주지 않으면 범인凡人으로 끝나고 만다. 천재는 어린아이로, 때론 미치광이로, 또 철들지 않은 어른으로 보일 때가 많다.

　천재는 대체로 오래 살지 못한다. 하늘의 별들도 천 년 만 년 창공의 붙박이별로 살 것 같지만 별똥별이 되어 지상으로 떨어지면 운석이 되고 만다. 천재들은 짧은 생애 동안에 인류가 잊지 못할 족적을 남기고 떠난다. 흔적을 남기지 않고 떠나는 사람은 천재가 될 자격이 없다. 모딜리아니는 물론 반 고흐, 에곤 쉴레도 많은 예술품을 남기고 일찍 떠났다. 미국의 마르린 몬로, 휘트니 휴스턴 그리고 우리나라의 시인 이상, 박인환, 기형도도, 가수 차중락과 배호, 김광석도 보석 같은 시와 노래를 남기고 일찍 하늘로 올라갔다.

서른여섯에 생을 마감한 모딜리아니와 그의 연인이자 아내인 잔 에뷔테른은 비참하지만 너무나 아름다운 삶을 살다 하늘로 올라가 별이 되었다. 아내 잔은 모딜리아니가 결핵성 뇌막염으로 이승을 떠나자 다음 날 아침 장례도 치르지 않고 친정의 6층 아파트에서 뛰어내려 숨을 거뒀다. 스물둘 꽃다운 나이였다.

파리의 예술가들은 '20세기 아방가르드 미술사에 길이 남을 러브스토리'라는 말들을 하지만 그건 살아 있는 사람들의 수사에 불과하다. 모딜리아니의 이른 죽음은 타고난 약골에 술과 마약 그리고 황음에 가까운 여성 편력이 폐결핵을 악화시킨 결과였다. 그러나 이들 부부의 하루 간격을 둔 릴레이 식 사망은 운명적 사랑이 빚은 안타깝고 허무한 죽음일 뿐이다.

잔의 자살은 이미 그녀의 마음속에 기획되고 실행을 기다리고 있었다. 잔이 그린 「자살」이란 수채화를 보면 그녀는 명대로 살지 못하고 미래의 어느 날 자신이 가야 할 날을 정하고 높은 곳에서 떨어져 죽는 광경을 한 장의 그림으로 묘사하고 있다. 자살한 여인의 검은 긴 머리채는 거꾸로 늘어뜨려져 있고 눈망울은 모딜리아니가 자주 그렸던 동공이 없는 회색이었다. 여인의 몸은 활보다 더 심하게 뒤로 휘어져 있으며 오른쪽 가슴팍에서 흘러내리는 피는 축 늘어진 손으로 떨어지고 있다.

모딜리아니는 파리 화단에서 최고의 미남이었다. 적당히 큰 키에 이목구비가 선명했으며 짙은 눈썹 아래 검은 눈은 갖고 싶은 무엇을 갈구하는 것 같았다. 그림을 배우기 위해 고향을 떠나 파리에 도착하자마자 발길에 차이는 것은 여인들이었다. 아내 잔을 만나기 전까지 모딜리아니가 만났던 여인의 수는 헤아릴 수 없을 만큼 많다. 아내 잔은 남편보다 열네 살 어린 탓도 있지만 빼어난 미모를 지니고 있었다. '누아 드 코코'(Noix de coco)라는 별명으로 불릴 정도로 피부는 부드러운 코코넛 속살처럼 희고 눈동자는 파란색, 머리칼은 적갈색이었다. 조각가 자크 립시츠는 그녀의 외모를 보고 "순결하면서 신비로운 고딕 성당과 같은 이미지를 풍기고 있다."고 했다.

모딜리아니는 1906년 몽마르트르에 정착하여 콜라로시 아카데미에서 인체 소묘와 유화를 배워 그림을 그렸지만 밥은 해결되지는 않았다. 화상인 즈보로스키의 권유를 받아들여 전통 회화기법을 과감하게 버리고 그때부터 인간의 참모습인 초상화와 누드만 그렸다. 긴 목을 가진 단순화된 여성상은 애수와 관능적인 아름다움을 지니냈다. 탁월한 데생력과 중후한 마티에르를 특징으로 하는 누드는 화단에 신선한 바람을 일으켰다. 이때부터 모딜리아니의 천재성은 서서히 나타나기 시작했다.

모딜리아니와 잔은 러시아 출신 조각가의 소개로 미술학원에서 만났다. 흔히 '첫눈에 반한다'는 말이 있듯이 그들도 만나는 순간 사랑의 늪에 빠지고 말았다. 잔의 집에선 반대가 만만치 않았다. 반대 이유도 분명했다. 폐결핵 환자, 마약과 알코올 중독자, 그림을 팔아 본 적이 없는 가난한 화가, 게다가 유대인, 착한 구석은 어느 한 군데도 없었다. 그러나 사랑에 눈먼

아메데오 모딜리아니 **큰 모자를 쓴 잔 에뷔테른**
1918년~1919년경, 캔버스에 유채, 54×37.5cm,

● 아메데오 모딜리아니 ●

두 사람은 화상 르보로스키가 구해준 작업장에서 어쭙잖은 신접살림을 차렸다.

그들은 결혼식도 올리지 못하고 살면서 마지막 3년 동안 불꽃 튀는 사랑 속에서 많은 작품을 만들어냈다. 이 시기에 아내의 초상만 25점을 그렸다. 모딜리아니가 생애 중에 그린 그림은 400여 점에 달하지만 5점만 풍경화일 뿐 나머지는 모두 인물화다. 그의 그림 값은 당시 10프랑 정도였다. 그러나 사후 백 년이 지나지 않아 1917년 작 「누워 있는 누드」는 뉴욕 소더비 경매에서 1,682억 원에 낙찰됐다.

모딜리아니는 인물화의 눈을 그릴 때 눈동자를 그리지 않았다. 회색 또는 연두색으로 아몬드처럼 그렸다. 그는 "내가 당신의 영혼을 알게 될 때 당신의 눈동자를 그릴 거야."라고 자주 잔에게 말했다. 실제로 잠자지 않고 그리기에 몰두한 마지막 시기인 1918년과 19년에 아내 잔을 모델로 그린 두 점의 「소녀의 초상」에는 선명한 눈동자와 흰자위를 그려 넣었다. 이 그림을 그릴 때 모딜리아니는 죽음으로 하나가 될 잔의 영혼을 본 것이나.

1920년 1월 24일 모딜리아니가 숨졌으나 집안은 너무 조용했다. 궁금한 이웃들이 문을 열어보니 잔이 그를 어스러질 정도로 끌어안고 있었다. 장례는 27일 치러져 페르 라세즈 묘지에 안장됐다. 그러나 그를 사랑한 아내 잔은 참석하지 못했다. 장례 전날 새벽 뱃속의 아기와 함께 사랑하는 남편이 떠난 하늘나라로 가버렸기 때문이다.

가족들은 잔을 남편의 무덤에 함께 묻지 않고 파리 교외의 바뉴 묘지에 매장했다. 마약중독자와의 동거를 반대해온 앙금이 풀리지 않았기 때문이

아메데오 모딜리아니
소녀의 초상
1919년경, 캔버스에 유채, 55×38cm

었다. 이런 이야기들은 모딜리아니의 누나인 마르게리타에게 입양되어 성장한 잔의 맏딸이 엄마 아빠의 생애를 적은 전기에 기록되어 있다. 10년 뒤 화가의 형인 주세페 모딜리아니가 잔의 부모를 찾아가 간곡한 설득 끝에 합장에 성공했다. 모딜리아니와 잔이 묻혀 있는 라세즈 묘원은 지금도 무덤 앞에 애도의 꽃다발이 넘쳐나는 파리의 유명한 관광 명소가 되었다.

하늘의 별은 별똥별이 되어 더러 지상에 떨어져 운석이 되지만 지상의 천재들은 하늘로 올라가 별이 되었다. 그들이 죽은 만큼 밤하늘은 아름다워지고 은하는 보다 더 찬란해질 것이다. 그들 부부가 만든 별 두 개는 찬바람 부는 한겨울 깜깜 어둠 속에서 쏘는 듯한 광휘를 뿜어내고 있다.

● 아메데오 모딜리아니 ●

화끈하게 즐기다 돌발사한
라파엘로 산치오

・

Raffaello Santi(or Sanzio)

　　라파엘로 산치오(1483. 4. 6. ~ 1520. 4. 6.)는 레오나르도 다빈치, 미켈란젤로와 함께 르네상스 시대의 예술을 완성한 3대 천재 화가 중 한 사람이다. 그는 이탈리아 화가이자 건축가다. 그의 어머니는 8세 때, 아버지는 11세 때 운명을 달리해 사제인 숙부 밑에서 성장했다. 화가이자 시인인 아버지에게 그림을 배웠으나 사후에는 아버지의 친지 또는 제자들에게 가르침을 받았다.
　　라파엘로는 페루지노라는 유명한 예술가 밑에서 도제살이를 했으며 그때부터 재능을 인정받았다. 스승이 산프란체스코 교회 내의 오디 예배당에 '성모의 대관식'을 그려달라는 주문을 받아 작업을 착수하자 라파엘로는 조수로 참여하여 새로운 지식을 얻을 수 있었다.

그는 차분하고 정교한 스승 페루지노의 화풍을 이어받아 「성 베드로에게 열쇠를 주는 그리스도」와 「동정녀 마리아의 결혼식」을 그릴 때까지는 인물들을 서정적으로 감미롭게 그렸다. 얼마 지나지 않아 자신의 그림인 「3가지 은총」, 「기사의 꿈」, 「성 미카엘」 등을 화폭에 옮길 때는 스승이 습관처럼 그리는 재래방식에서 벗어나 뭔가 새롭고 참신한 것을 모색하기 시작했다. 그는 그때부터 독특한 기법의 표현 방법을 추구하는 독자적인 노선을 걷기 시작했다.

라파엘로는 성모 마리아를 기존 화가들이 그려온 구습대로 엄숙하고 경건한 인물로 묘사하고 싶지 않았다. 남편이 아닌, 성령으로 아기 예수를 잉태한 성모 마리아를 보는 견해는 남들과 달랐다. 그는 순수하면서도 한편으론 관능적인 성모를 그리기 위해 걸맞은 모델을 찾아 나섰지만 맘에 드는 마리아 급의 여인을 만날 수가 없었다. 하루는 로마 시내 산타도레아 길가를 걸어가고 있는데 빵집 주인인 아버지의 일손을 돕고 있는 처녀가 눈에 띄었다. 동네 사람들은 그녀의 이름이 마르게리타 루티인데도 그렇게 부르지 않고 제빵사의 딸이란 뜻의 '라 포르나리나'라고 불렀다.

화가는 빵 굽는 처녀에게 모델이 되어 줄 것을 청했으며 좋은 조건을 제시하여 아버지로부터 승낙을 얻었다. 마르게리타는 라파엘로의 눈에만 성모 마리아였지 다른 화가들은 예수 그리스도의 어머니가 될 성모 마리아라고는 꿈에도 생각하지 못하는 그런 인물이었다. 그녀는 고귀하거나 우아하지 않지만 흰 피부와 찰랑대는 검은 머릿결이 육감적이고 관능적인 여성이었다.

　라파엘로는 그녀를 데리고 오는 날부터 그림을 그리기 시작했다. 화가의 머릿속으로 그려오던 이상형을 자신의 것으로 만들었단 만족감 때문에 온종일 작업에 몰두해도 지치지 않았다. 그녀를 모델로 수많은 작품을 그리다 보니 서로가 서로를 원하는 사이가 되고 말았다. 화가는 이미 비비에나 추기경의 조카와 약혼한 사이여서 마르게리타와의 연인관계가 들통나면 화가 생명에 지장이 있을까 봐 극도로 몸을 사리는 동거를 지속해 나갔다.

　그는 그림 속에서는 자신의 감정을 속이지 않았다. 마르게리타를 그린 초상화 왼팔에 두른 밴드에 '우르비노의 라파엘로'라는 서명을 했으며 그녀의 가슴팍에는 당시 여성들이 결혼할 때 착용하던 진주 브로치를 그려 넣기도 했다. 이는 곧 '마르게리타는 우르비노 태생 라파엘로의 여자'라는 것을 소리 없는 함성으로 알리는 것이었다. 그뿐 아니라 왼손 약지에 결혼을 뜻하는 반지를 그려 넣었으며 그림의 배경에 비너스를 상징하는 은매화 나무, 그리고 세속적 사랑을 의미하는 모과나무를 배치한 것 등을 유추해보면 마르게리타를 향한 라파엘로의 지극한 사랑을 읽을 수 있다.

　라파엘로가 마르게리타를 그린 반 누드인 초상화「라 포르나리나」는 유명한 명화다. 작품 속 여인은 뚜렷한 이목구비에 당시 상류층에서 유행하던 오리엔탈 식 모자를 쓰고 있다. 눈이 부실 정도의 밝은 톤의 피부는 검은색 머릿결과 대비를 이루면서 여성의 매력을 한껏 돋보이게 한다. 또 젖가슴 아래를 덮은 엷은 천은 배꼽이 보일 듯 말 듯 하고 오른손이 가슴 주변을 살짝 눌러 젖무덤을 봉긋하게 보이도록 그렸다. 그녀의 시선은 정면을 비껴

라파엘로 산치오 **라 포르나리나**, 1518년 ~ 1519년, 유화, 목판에 유채, 60×85cm

• 라파엘로 산치오 •

지나쳐 관람자와의 대면을 피하는 정숙한 여인의 모습이다. 이 그림은 로마의 바르베르니궁 국립 고전회화관에 전시되어 있다.

마르게리타를 그리기 전에는 라파엘로는 권력자와 재력가들의 구미에 맞는 그림들을 많이 그렸으며 그런 그림들은 레오나르드 다빈치와 미켈란젤로의 영향을 받은 대가의 아류 그림들이었다. 그러나 마르게리타를 그리고부터는 성화들의 기본 기법인 성스러움은 사라지고 인간적인 삶과 연인에 대한 사랑을 화폭 속에 담으려고 노력한 흔적이 뚜렷하다.

라파엘로와 마르게리타는 정말 잘 어울리는 한 쌍이었다. 라파엘로 역시 미남형으로 잘생겼으며 인간적인 매력이 흘러넘쳤다. 대가라는 소리를 듣게 되면 은연중에 자만심이 생기게 마련이지만 그에게는 그런 흠집이 보이지 않았다. 그는 항상 추종자들에 둘러싸여 존경받는 화가로 우뚝 서 있었다. 라파엘로는 엄숙하고 거룩한 화풍에서 벗어나 연인을 사랑하는 현실적이고 세속적인 작품 경향을 보이기 시작하자 평자들은 도덕적 타락이라고 비난하기도 했으나 그는 개의치 않았다.

라파엘로를 존경했던 신고전주의 화가 장 오귀스트 앵그르는 「라파엘로와 라 포르나리나」란 작품을 그린 적이 있다. 라파엘로의 작업실에서 라 포르나리나를 그리고 있을 때 모델이자 연인인 그녀를 느닷없이 끌어안는 라파엘로를 보고 깜짝 놀라기도 했다고 한다. 이렇듯 라파엘로는 사랑하는 그녀를 눈으로 애무하는 것으로는 만족하지 못할 만큼 소유하고 싶은 욕망이 분수처럼 치솟아 올랐다.

그들 둘의 사랑놀이가 얼마나 치열했는지 르네상스시대의 화가이자 미술사가인 조르지오 바자리는 이렇게 말했다. "라파엘로의 이른 죽음은 마르게리타와의 과도한 애정행각에서 비롯되었다." 라파엘로는 37세 때 화끈하게 즐기다 심장마비로 돌연사한 것으로 전해지고 있다. 장소는 침대 위였는지 거실의 소파였는지 그것은 그렇게 중요하지는 않다. 그는 이런 날이 올 줄을 미리 알고 있었는지 몰라도 사망하기 전에 마르게리타 앞으로 막대한 재산을 유산으로 넘겨주도록 조치를 취해 두고 있었다.

마르게리타는 라파엘로가 하늘나라로 올라간 후 슬픔을 이기지 못하고 절망 속에 살았다. 4개월 후 피렌체 인근의 산티 아폴로니아 수녀원에 들어가 그곳에서 여생을 보냈다. 라파엘로가 그린 제빵사의 딸 '라 포르나리나'의 초상화는 「시스티나 성모상」, 「의자의 성모상」 등의 이름으로 유명 전시장의 벽화로 남아 있을 뿐 사랑하던 사람들은 떠나고 없다.

연인의 임종을 그린 슬픈 초상화

클로드 모네

Oscar-Claude Monet

　수련 그림으로 유명한 클로드 모네(Claude Monet 1840. 11. 14. ~ 1926. 12. 5.)가 「풀밭 위의 식사」란 그림을 그린 줄은 까맣게 몰랐다. 취미로 그림공부를 하면서 「풀밭 위의 점심 식사」는 마네(Edouard Manet)가 그린 명화여서 다른 인상파 화가들은 손을 대지 않은 줄 알았다.

　마네는 1863년 이 그림을 프랑스 살롱전에 출품했으나 낙선한 후 낙선자 전시회에 「목욕」(La bain)이란 제목으로 출품하여 평론가들로부터 찬사를 받았다. 살롱전에서 낙선한 이유는 속내는 감추고 위선의 탈을 덮어쓰고 사는 것이 바른 생활이라고 믿었던 프랑스 사회의 전통 때문이었다. 당시 프랑스의 시대 상황은 여인의 누드는 외설이지, 예술의 장르에 편입될 수 없다고 믿었다.

　마네 앞 시대 화가들은 여신을 그릴 때만 발가벗은 모습을 그렸을 뿐, 흔해 빠진 몽마르트르 주변의 모델과 매춘부들의 누드는 그리지 않는 게 불문율이었다. 프랑스 사람들은 단돈 2프랑만 주면 거리의 여자를 요깃거리로 취하면서도 화려한 거짓의 옷과 겉치레 의상을 걸치지 않은 사람들을 경멸하고 증오했다. 마네는 과감하게 반기를 들었다. 아무도 깨뜨릴 수 없고 좀처럼 깨질 것 같지 않았던 여인의 벗은 몸을 그린 작품을 최고의 전시회에 내놓은 것이다.

　파격은 이런 것이다. 마르크 뒤샹이 남성 소변기에 'MUTT'라는 사인을 하여 전시회에 출품했다가 퇴자를 맞은 것이나 칸딘스키가 대상은 생략해 버리고 색채만을 황칠하듯 그린 추상화를 버젓하게 내건 것이나 누드 금지 시기에 누드를 그려 출품한 것들 모두가 천재들의 상상력이 빚은 아름다운 결실이다.

　마네보다 여덟 살 아래인 모네는 선배 화가를 존경하고 깍듯했다. 그러나 청출어람이란 사자성어가 그렇고 모든 기록은 깨어지기 위해 존재하듯 모네는 그가 흠모하던 선배에게 자신의 재능으로 도전하고 싶었다. 마네의 「풀밭 위의 점심 식사」는 208cm×264cm 크기인데 비해 모네의 것은 6m×4.6m로 두 개의 캔버스에 나눠 그린 엄청나게 큰 작품이었다. 그는 이 그림 속에 인상파 화가인 프레데릭 바지유와 귀스타브 쿠르베 등 두 사람의 지인과 마음속으로 사랑했던 카미유 동시외(Camille doncieux)를 흰색 톤의 의상을 입혀 화폭의 중심에 앉혔다.

• 클로드 모네 •

모네는 이 그림의 전체 제목을「소풍」으로 정하고 가운데 부분을「풀밭 위의 식사」라고 붙였다. 그는 그림의 제목은 마네에게서 따왔지만 자신의 특이함 즉 그림 속에서의 빛의 움직임을 보여주기 위해 정성을 들여 그렸다. 그러나 이미 마네의 '풀밭 식사'가 색깔의 조화와 음양의 대비 등이 선배 화가들의 눈에 익어 있었기에 모네가 차려낸 풀밭 밥상의 평가는 인색할 수밖에 없었다. 이에 실망한 모네는 그림의 나머지 부분은 그리지 않았다. 어쩌면 슈베르트의 미완성 교향곡 8번 B단조가 1, 2악장까지만 있고 3악장은 피아노 스케치 흔적만 있듯이 모네의 풀밭 식사도 와인 병은 있는데 잔이 빠졌는지 어느 부분이 미완인지 화가의 맘속을 들여다볼 수 없어 안타깝다.

　평론가와 선배 화가들로부터 찬사를 받지 못했지만 모네는 이 대작에 대해 상당한 자부심을 느낀 듯하다. 우선 카미유가 앉은 자리 앞에 내려앉은 햇빛은 온통 흰색인데 이는 인상파 화가가 아니면 감지하지 못할 빛의 인상이기 때문이다. 그뿐 아니라 나뭇잎 사이를 뚫고 내려오는 얼룩무늬 빛, 손님들의 얼굴과 의상에 얹혀 있는 빛의 명암은 너무나 선명하다. 이는 빛이 어떻게 풍경을 물들이는지를 보고 느낀 바를 화폭에 옮긴 것이다.

　그보다는 모네의 풀밭 식사 자리에 카미유를 그림의 정중앙, 가장 빛나는 자리에 앉힘으로써 그의 구애 작업이 성공한 것으로 보인다. 카미유 나이 18세, 모네 25세 때 일이다. 카미유는 직업 모델로 파리의 당시 상황으로 볼 때 천한 직업 종사자였다. 둘은 이 시기에 끓는 피의 쑥덕거림을 참지 못하고 동거에 들어갔지만 모네 집안에선 결혼을 반대했다.

　카미유는 예뻤다. 모네가 그린「파라솔을 든 여인」과「기모노를 입은 여인」 등 카미유의 초상을 보면 낭창호리한 모습에 반하지 않을 남자는 없을 것 같다. 모네 입장에서 보면 결혼식은 올리지 않더라도 확실한 도장을 찍고 새장 속에 넣어두지 않으면 날아가 버릴 것 같은 불길한 예감을 지울 수 없었다. 마침 프러시아 전쟁이 터져 정식 결혼을 하지 않으면 징집당할 위기에 놓이자 부모들은 내키지 않은 결혼을 허락할 수밖에 없었다. 카미유의 뱃속에는 이미 맏아들 쟝이 들어 있었다.

모네와 카미유는 생활이 어려운 시기를 함께 이겨냈다. 이때 백화점을 경영하던 미술품 수집가 에르네스 오슈데의 도움을 많이 받았다. 경기불황으로 백화점은 파산하고 오슈데는 행방불명이 된다. 그의 아내 알리스는 6명의 자녀를 데리고 모네 집으로 들어와 함께 살게 된다. 오비이락 격으로 카미유는 나약한 체질에 남편의 외도로 심한 정신적 고통 끝에 자궁암을 앓다 32세 젊은 나이에 숨을 거두게 된다.

모네가 지인에게 쓴 편지를 잠시 읽어보자. "불쌍한 제 아내가 오늘 아침 세상을 떠났습니다. 한 가지 부탁이 있습니다. 돈을 동봉할 터이니 전에 우리가 몽드 피에테에 저당 잡힌 메달을 찾아 주십시오. 그 메달은 카미유가 지녔던 유일한 기념품으로 그녀가 영원히 우리 곁을 떠나기 전에 걸어주고 싶습니다."

카미유가 병상에서 임종을 맞이하자 모네는 잠자듯 누워 있는 아내의 얼굴을 그린다. 모네의 그림 중에 색감이 전혀 없는 가장 슬픈 그림이다. 모네는 「파라솔을 든 여인」을 그렸던 그해부터 살짝살짝 바람을 피워오다 오슈데가 모네 집으로 주거를 옮겨오면서 본격적인 사랑놀이를 벌이게 된다. 모

클로드 모네 **파라솔을 든 여인**- 카미유와 장, 1875년, 유화, 캔버스에 유채, 100×81cm

네가 그린 카미유의 초상은 많이 남아 있지만 사진은 단 한 장뿐이다. 그녀에게 질투를 느낀 오슈데가 몽땅 불태워 버렸기 때문이다.

카미유가 죽고 3년 뒤 모네는 오슈데와 결혼했으나 그가 진정으로 사랑한 여인은 카미유였다. 모네는 카미유의 무덤에 자신의 반쪽을 함께 묻어버린 것 같아 하염없이 눈물을 흘렸다. 화가는 아름다움을 찾아가는 심미안을 가졌기에 그의 눈에는 카미유가 최고의 모델이자 최상의 연인이었다. 아마도 카미유가 병들었을 때 오슈데와 피운 바람기는 성적 허기를 면하기 위해 배고플 때 먹는 라면 몇 젓가락이었을 것이다.

모네는 죽은 아내와의 추억을 잊어버리긴 너무 아쉬워 「파라솔을 든 여인」을 그린 언덕에 오슈데의 딸 쉬잔을 모델로 세워 옛 기억을 더듬었다. 그러나 카미유의 아름다운 이미지를 쉬잔에게서 찾을 수도, 그려 낼 수는 없었다. 카미유와 모네 사이에서 태어난 아들 잔과 알리스의 딸 쉬잔이 한 집에 살다보니 정이 들어 부부가 되었다. 의붓 아빠 엄마가 장인, 장모로 바뀌는 통개들의 성性스럽고 거룩한 잔치에 카미유는 참석할 수 없었다. 천국에서 내려다보고 웃고 있었을까, 울고 있었을까.

• 클로드 모네 •

풀밭 위의 점심 식사
에두아르 마네

Edouard Manet

　프랑스 화가 에두아르 마네(1832. 1. 23. ~ 1883. 4. 30.)가 그린 「풀밭 위의 점심 식사」란 그림을 보면 너무 재미있다. 한 편의 멋진 영화나 소설 이상으로 다음 장면이 기대되는 명화 중의 명화다. 이 그림은 단순하게 풀밭 위에서 한끼 밥만 먹는 것이 아니라 식사 후의 다른 요상한 프로그램을 준비하는 장면을 그린 것처럼 보인다. 이 그림이 동영상이면 바로 뒷장면을 봤을 텐데 정지되어 있는 스틸 사진과 같은 유화여서 다음 진행 순서는 상상으로 그려 볼 수밖에 없다.
　화면 중앙에 네 사람이 보인다. 두 쌍의 남녀 중 세 사람은 천연덕스럽게 앉아 있다. 한 여인만 조금 떨어진 물가에서 뒷물을 하고 있는지 반나(裸)의

에두아르 마네 풀밭 위의 점심 식사, 1863년, 캔버스에 유채, 208×264.5cm

상태로 반쯤 구부린 엉거주춤한 자세로 엎드려 있다. 숲속 풀밭 위에 앉아 있는 여인은 이미 몸 씻기를 마쳤는지 직각으로 구부린 오른쪽 다리에 오른팔을 괴고 발가벗은 채 앉아 있다. 여느 창녀처럼 당돌한 기미도 없고 그렇다고 여염집 여자와 같은 단정미도 없다. 그냥 그대로의 자세다.

앉아 있는 여인 옆의 남자는 구레나룻 수염에 검은 슈트를 걸친 정장 차림이다. 오른쪽 남자 역시 같은 차림새지만 머리엔 터번 같은 모자를 쓰고 왼손에 스틱을 든 채로 오른팔을 뻗어 뭔가를 궁시렁거리고 있다. 그의 표정은 자못 심각한 것처럼 보이지만 앞에 앉아 있는 두 남녀는 별 관심을 보이지 않고 있다. 그가 무엇에 대해 지껄이고 있는지는 별도로 녹음된 테이프가 없어 그 소리는 들리지 않는다. 이 그림은 빛과 어둠, 여자와 남자, 나체와 정장, 정물과 풍경 등 모든 것이 정반대 개념으로 절묘한 대비를 이루고 있다.

인상파의 거장 마네의 그림을 보고 이렇게 감정을 앞세워 약간은 에로틱하게 재해석하는 것은 불경에 가까운 아주 위험한 상상이란 걸 나는 안다. 그렇지만 나의 소아병적인 심미안의 한계가 여기까지밖에 미치지 않으니 실로 안타까울 뿐이다. 나만 그런 게 아니고 당시 프랑스 사회도 이 그림을 보고 발칵 뒤집어졌다고 한다.

1863년 이 그림은 프랑스의 살롱전에 출품했다가 떨어진 후 낙선자 전시회에 「목욕(La bain)」이란 명제를 달고 다시 나타났다. 그러자 위선의 탈을 뒤집어쓰고 사는 것이 바른 생활이라고 믿고 있던 프랑스 사회는 거짓의 옷과 겉치레 의상을 입지 않은 사람들을 불편해 하고 심지어 증오했다. 지금도 그렇지만 자신의 입맛에 맞지 않으면 내뱉듯이 이 그림도 외설로 매도당했다.

평론가들은 마네의 이 그림을 두고 자칫 오만으로 치달을 수 있는 편견을 내려놓으라고 주문한다. 어떻게 보면 그림 속의 벗은 두 여인의 얼굴에서나 옷을 입고 있는 두 남자의 시선에서 욕망의 그림자가 별로 어른거리지 않는다. 평론가들은 '편견을 내려놓으면 자세는 더욱 편안해지고 옷을 입었든 벗었든 상관없는 무애자재無涯自在의 경지로 들어갈 수 있다.'고 말한다. 정말 그럴까.

어쨌든 마네의 「풀밭 위의 점심 식사」는 가장 세속적인 것을 세속적이 아닌 것처럼 눙치고 있다. 마네 이전의 화가들은 여신女神을 그릴 때만 누드를 그릴 수 있었다. 당시 시대 상황은 여인의 누드는 허용되지 않았다. 그러나 마네는 여신이 아닌 여인을 그것도 발가벗은 상태로 그린 것이다. 벗은 여인과 입은 남정네의 눈빛에서 세속의 욕망을 걷어내 보려고 안간힘을 쓴 흔적이 뚜렷하다. 아무리 그렇게 해도 여인은 여인일 뿐 여신이 아닌 것은 분명한데 말이다.

「풀밭 위의 점심 식사」란 이 그림은 당시 오페라계의 대부로 알려진 유명 바리톤 장 밥티스트 포르가 맨 처음 사들였다. 포르는 인상파 화가들의 열렬한 지지자로 마네의 작품만 67점을 소장하고 있었다. 그는 소장 작품 사이를 뛰어다니기만 해도 배가 고프지 않았다고 전해지고 있다.

지난여름 어느 날 몽골의 초원을 달리다 점심을 먹는 장소가 마네의 「풀밭 위의 식사」 자리와 너무 흡사했다. 전나무 숲속 그늘에 자리를 펴고 시원한 맥주를 곁들인 오삼불고기로 점심상을 차렸다. 동행 어느 누가 이렇게 말했다.

"야, 이건 마네의 「풀밭 위의 식사」 풍경을 빼다 박았네요."

"정말 그렇군요," 아까부터 머릿속을 맴돌고 있는 나의 생각을 맞장구로 응답했다.

"그러면 두 사람 정도는 벗어야 되는데." 조금 떨어져 앉아 있는 여성 그룹은 우리의 대화를 눈치채지 못하고 단정하게 앉아 있다.

• 에두아르 마네 •

식사 후에는 바로 작은 음악회가 열렸다. 김덕수 사물놀이패의 단원으로 활약했던 아가씨가 장구를 들고 나와 설장구 춤을 추었다. 이어 국악 경연 대회에서 큰 상을 휩쓸었던 가야금 주자가 가야금 산조를 연주했다.

이날 풀밭 위의 작은 음악회는 내 생애 중에 다시는 만날 수 없는 호사가 극에 달하는 깜짝 이벤트였다. 초원의 빛, 꽃의 영광, 바람의 은총이란 찬사를 모두 다 바쳐도 조금도 버겁지 않을 그런 풍경이었다. 옷을 벗었든 입었든 「풀밭 위의 점심 식사」는 정말 멋진 그림이다. 얼쑤, 조오타.

아내의 혼전 아이가 아버지의 아들
에두아르 마네

Edouard Manet

　에두아르 마네(1832. 1. 23. ~ 1883. 4. 30.)의 부인은 세 살 연상으로 그에게 피아노를 가르친 선생님이었다. 그녀는 혼전에 아들아이를 낳은 미혼모였다. 그 아이의 아버지는 판사였던 마네의 친부였다. 그러니까 부인의 친아들이자 마네의 양아들이 이복동생이라니 이런 콩가루 집안이 있을 수 있는 일인가.

　그녀의 이름은 수잔 렌호프. 상냥하고 예뻤으며 누구에게나 친절했다. 마네는 누구에게나 그랬듯이 아내와 데려온 아들에게 다정했으며 화목한 가정을 꾸려 나갔다. 수잔은 이런 남편에게 응분의 대접이라도 하듯 더러 바람을 피워도 이해하고 웃어넘겼다.

시인 보들레르가 친지에게 쓴 편지를 보면 "마네가 뜻밖의 소식을 전해 왔네. 오늘 저녁 네덜란드로 가서 아내 될 사람을 데려온다네. 아내 될 사람은 음악적 재능이 넘치는 데다 아름답고 착하다네. 마네는 복을 많이 받은 사람이야."라고 쓰여 있다.

마네 집안에는 또 다른 콩가루 같은 얘기가 전해지고 있다. 베르트 모리조라는 여인은 평생 동안 마네의 연인이었다. 그녀의 증조부는 로코코미술의 대가인 장 오노레였다. 그녀는 예쁘고 관능적이었으며 예술적 재능이 뛰어나 일찌감치 마네의 모델이 된 여인이었다.

베르트는 1868년 마네가 그린 「발코니」란 작품에 처음으로 얼굴을 드러냈다. 마네의 아내인 수잔보다 미적 이미지는 한 수 앞서는 날씬한 몸매에 스페인풍의 얼굴 윤곽선이 묘한 매력을 풍기고 있었다. 이 시기에 마네는 베르트에게 홀라당 반해 그녀를 연인으로 만들었으며 평생 옆에 두고 싶어 약간 어리바리한 동생과 결혼을 시켰다. 마네는 사생아 아들을 키우는 아내와 살면서 동생의 아내와 평생토록 몸을 섞는 연인 사이로 그렇게 살았다.

이 세상의 남자들은 이 같은 콩가루 집안의 장남 마네를 보면 '복 받은 놈'이라고 부러워하겠지만 여성들의 입에선 '미친놈'이란 말이 튀어나왔을 것이다. 가족 간의 병력은 진료하는 의사들이 반드시 묻는 질문이지만 아버지가 했던 그 짓을 아들이 되풀이하는 이 짓을 뭐라고 하는지 정신분석 대가인 프로이트나 칼 융에게 물어봐야겠다. 아마 Compowder family syndrome!(콩가루 가문 증후군)으로 명명했겠지. 하기야 내 친구도 아버지가 데리고 놀던 화류계 여성과 결혼한 적이 있고 우리나라의 유명한 어느 집안에서도 그

에두아르 마네 **발코니** 1868년 ~ 1869년경, 캔버스에 유채, 170×124.5cm

런 일이 있었다는 건 아는 사람은 다 아는 사실인 걸. 히히히!

　아름다운 연인 베르트도, 아내 수잔도 마네가 바람을 피우든 이중생활을 하든 시기하고 투정하지 않았다. 두 여인이 알면서도 모른 채 눈 감아 준 관용의 대가는 마네가 죽을 때 성병으로 혹독하게 치러진다. 베르트는 동생과 살면서 형과 즐기는 가운데 그림 그리기를 게을리하지 않았다. 베르트 모리조는 살아생전에 페미니즘 역사에 한 획을 그을 정도로 많은 그림을 그렸지만 크게 인정받지는 못했다. 사후인 1905년 런던서 열린 인상파 전시회에 「검은 리본의 베르트 모리조」, 「겨울」, 「독서」, 「공원에서」, 「요람」, 「밭」, 「숨바꼭질」 등 13점의 유화가 전시되어 뒤늦은 찬사가 한꺼번에 쏟아졌다.

　베르트를 모델로 쓰지 않고 그녀를 연인으로 만들지 않았다면 마네는 흔히들 흑과 백의 콘트라스트라 말하는 인상주의 그림에 손을 대지 않았을 것이다. 마네는 야외공간에서 실제로 눈에 보이는 것을 그대로 그린 「발코니」란 작품을 그린 후에 인상파 화풍으로 진입한 것 같다. 그는 그때부터 기존 회화와는 다른 시각으로 빛의 움직임에 따라 그림을 그리기 시작했다.

　그의 대표작인 「풀밭 위의 점심식사」는 햇볕 아래서 밝은 부분은 어둡게 보이고 정작 어두운 부분은 반사광으로 인해 어둡지 않게 보이는 것을 그대로 그려냈다. 또 당시에는 금기시했던 여성의 누드를 정장 차림의 남성들과 함께 화폭에 올림으로서 프랑스 사회에 만연해 있던 위선의 가면에 도전장을 내밀었다. 그것은 하나의 혁명이었다. 마네의 그림들은 논란의 도마 위에 수시로 올랐고 신랄한 비판의 대상이 되곤 했지만 그는 굴하지 않았다.

　발가벗은 매춘부가 침대 위에 누워있는 「올랭피아」는 1865년 살롱에 전시되었지만 '풀밭 식사' 보다 더 심한 비난에 휩싸였다. '풀밭'과 '침대' 위의 누드가 집중적으로 퍼붓는 화살의 과녁이 되었지만 오히려 마네 팬들의 지지층은 한결 두터워졌다. 「올랭피아」는 빛에 의한 음영과 색깔의 농담에서 얻는 인체의 볼륨감을 과감하게 파괴하여 르네상스 이후 400년간 지속됐던 원근법을 폐기하게 만든 최초의 그림이 되었다. 또 마네를 존경하고 따랐던 피사로, 모네, 시슬레 등 청년 화가들이 중심이 되어 인상파 그룹을 형성하는 출발점이 되었다.

마네는 「올랭피아」를 그릴 때 지오르지오네가 그린 「잠자는 비너스」를 페러디했으며 지오르지오네는 16세기 티치아노의 「우르비노의 비너스」를, 우르비노는 15세기 조르조네의 「잠자는 비너스」를 모방한 것이다. 우리나라에서도 마네의 「올랭피아」를 패러디하여 2017년 1월 20일 '곧, BYE전'에 「더러운 잠」이란 제목으로 국회의원회관에서 전시한 적이 있다.

「더러운 잠」은 마네가 당시 화가들의 모델인 매춘부 빅토린 뫼랑의 누드를 탄핵당한 박근혜 대통령의 얼굴로 바꾸고 옆에 서 있던 흑인 여성을 최순실의 얼굴로 바꿔치기한 아주 천박한 그림이다. 이 전시는 더불어민주당 전 국회의원 표창원이 주관했으며 당시 그가 소속하고 있던 정당의 문재인 대표와 함께 이 그림을 들고 웃는 사진이 텔레비전에 비치기도 했다. 어느 네티즌은 "이 그림은 대통령에 대한 모독일 뿐 아니라 미술사의 큰 획을 그은 마네의 위대한 작품에 대한 모독"이라며 일갈했다.

마네가 죽은 지 7년 지난 1890년 그를 흠모하던 여덟 살 적은 클로드 모네는 프랑스 예술의 위대한 자산인 「올랭피아」를 정부에 기증하기 위한 모금운동을 벌였다. 마네의 미망인이 보관하던 「올랭피아」는 뤽상부르 미술관에서 르부르 박물관으로, 다시 죄스폼 국립미술관으로 옮겨졌다가 1986년 이후에는 오르세 미술관에 안착하여 발가벗은 몸으로 줄지어 밀고 들어오는 손님들을 '어서 오세요.' 반갑게 인사하고 있다. 「올랭피아」의 모델이 된 빅토린 뫼랑이란 매춘부는 살아서도 그랬고, 죽어서도 발가벗은 몸으로 손님을 맞아야 하는 신세를 못 면하고 있다.

매춘부를 열심히 그린 마네는 마음씨 좋은 아내 수잔과 이래도 좋고 저래도 좋은 연인 베르트의 관용 속에 몸으로 바람의 얼굴을 그리다가 51세 나이로 불귀의 객이 되고 말았다. 그는 매독 합병증으로 왼쪽 다리를 절단하여 절름거리는 걸음을 걸으며 하늘나라로 올라갔다.

"하나님, 뵈올 면목이 없습네다."

"그래, 할 짓, 못할 짓 다하느라 수고했네. 아버지와 동생이나 만나보고 푹 쉬게."

그날 밤 하나님은 "세상에, 세상에." 몇 번 중얼거리시다 잠 한숨 못 주무셨다네.

모델 마고를 사랑한
피에르 오귀스트 르누아르

●

Auguste Renoir

"그림은 즐겁고 유쾌하고 아름다워야 한다."고 주장하고 평생 실천해온 화가가 있다. 평생 동안 그린 5,000여 작품 중 2,000점이 여성 인물화였다. 그는 여성 찬미자로 어머니, 아내, 모델, 파리의 여인, 어린 소녀 등 맘에 드는 여인이면 닥치는 대로 그렸다. 그러나 그는 여자를 밝히고 육체를 탐하는 호색 인간은 아니다. 사랑의 눈으로 그렸기 때문에 하나같이 아름답지 않은 여인은 없었다. 그는 "유방은 둥글고 따뜻하다. 하나님이 여자의 젖가슴을 창조하지 않았다면 나는 화가가 되지 않았을 것"이라고 자주 말했다.

그의 이름은 피에르 오귀스트 르누아르(1841. 2. 25. ~ 1919. 12. 3.)다. 르누아르란 이름은 가장 프랑스적이다. 르 누 아 르란 이름을 입안에 넣고 굴려

보면 구슬을 굴리듯 '돌 도올' 구른다. 나는 젊은 날 불어를 열심히 배워 프랑스 말로 속삭이는 그런 아름다운 연애를 해보는 것이 소원이었지만 그건 허망한 꿈이었다. 꿈은 재생이 안 된다는 걸 그때는 몰랐다. 르누아르의 그림은 그의 이름보다 더 예쁘고 사랑스럽다. 삶을 사랑한 화가였기에 그가 그린 여인은 푸근하면서 아름답고 넉넉하면서 매력이 넘친다.

그는 재단사인 아버지와 여직공인 어머니 사이에 7자녀 중 여섯째로 태어났다. 네 살 때 파리로 옮겨왔으나 가난하여 도자기 공방에 취직했다. 그림에 관심이 많아 미술관을 드나들며 데생을 배우며 독학으로 그림공부를 했다. 그 공방에서 밀려나 에콜 데 보자르 야간부에 들어가 소묘와 해부학을 공부했다. 그곳에서 모네, 시슬레, 피사로 등 인상파 화가들을 만나 동문친구가 되어 친하게 지냈다.

나는 난해한 시와 전혀 해독할 수 없는 추상화는 좋아하지 않는다. 인상파 화가들의 그림 중에서 르누아르의 그림은 정말 좋아한다. 그가 그린 「마고의 초상」, 「햇빛 속의 누드」를 보면 빛을 머금어 투명하게 빛나는 피부와 옅은 핑크빛 볼 그리고 빛을 흡수한 금발의 머리는 환장할 정도로 아름답다. '오직 아름다움 자체만을 위하여 그림을 그린다.'는 그의 그림은 아지랑이가 아롱거리는 화사한 봄날처럼 빨려들어 갈 것같이 매혹적이다.

그는 육욕에 빠져 이 여자 저 여자를 건드리고 죄책감 없이 차버리는 19세기의 여러 인상파 화가들과는 판이하게 다르다. 그렇다고 친구인 드가처럼 여성 혐오증에 걸린 것도 아니고 평생을 독신으로 살지는 않았다. 1865년 르누아르가 「시슬리의 초상」과 「여름날의 저녁」이란 작품을 살롱전에 출품할 때 리즈 트리오라는 연인이 모델로 자주 등장했다. 그녀와의 사이에 두 아이가 태어났으나 맏이는 태어나자마자 죽었으며 둘째에게는 크게 관심을 두지 않은 듯하다.

10년 뒤 애칭이 마고란 모델을 만난다. 그녀는 시골 농사꾼의 딸로 열 살 때 학교를 중퇴하고 섬유공장 청소부 또는 심부름꾼으로 전전하다 거리의 여자로 전락한 안타까운 여인이다. 그녀의 본명은 앙리에트 안나 르뵈프였지만 그냥 르누아르의 연인 마고로 불렸다. 마고는 미술사에 남을 여인이다. 1875년부터 4년 동안 10점이 넘는 르누아르의 작품에 모델로 등장하여 최고 모델 반열에 올라서자 주변의 화가들이 마고를 그리고 싶어했다. 「마고의 초상」과 「햇빛 속의 누드」를 보면 그녀의 두 볼은 터질 듯한 복숭아 빛으로 빛나고 포동포동하면서 투명한 피부는 그걸로 홑이불을 만들어 덮고 잤으면 싶을 정도다. 그녀의 아름다움은 어떤 찬사도 아깝지 않다.

르누아르의 최고 걸작인 「물랭드 라 갈레트 무도회」에도 마고가 중요 포인트에서 춤을 추고 있다. 화면의 오른쪽에는 와인을 마시는 남녀 군상들이 떠들고 있으며 왼쪽에는 마고가 쿠바 출신 화가 데 솔라레스와 폴카 리듬을 타고 있다. 대형 그림 속에 마고를 주인공으로 배치한 걸 보면 그녀는 최고의 모델이자 화가가 사랑한 뮤즈였음을 알 수 있다. 이 그림은 1990년 소더비 경매에서 7,800만 달러에 일본 제지업자 사이토 료헤이에게 팔렸다.

이곳은 몽마르트르 언덕에 있는 야외 무도장이다. 우선 그림을 보면 파리 상류사회의 부르주아들이 모여 경쾌한 음악이 흐르는 가운데 왁자한 웃음과 스텝 밟는 소리가 캔버스 밖으로 튀어나가 돌아오지 않는다. 마당에 쏟

피에르 오귀스트 르누아르 **물랭 드 라 갈래트의 무도회**, 1876년, 유화, 캔버스에 유채, 131×175 cm

아지는 햇빛은 나뭇가지와 나뭇잎 사이를 뚫고 들어와 그늘을 잠식하여 빛과 그림자가 절묘하게 어우러져 있다.

마고의 행복한 시절도 잠시, 1879년 장티푸스에 걸려 23세란 어린 나이에 하늘의 부름을 받는다. 르누아르는 마고를 살리기 위해 반 고흐가 초상을 그린 적 있는 명의인 폴 가셰 박사에게 치료를 맡겼으나 살려내지 못했다. 가셰 박사의 초상화는 1990년 5월 미국 크리스티스 경매에서 시작 3분 만에 8,250만 달러(932억 원)에 가셰 박사 초상을 낙찰받았던 일본인 사이토 료헤이에게 팔렸다.

마고가 죽고 얼마 지나지 않아 알린 샤리고라는 여성을 화실 앞 식당에서 우연히 만나게 된다. 그녀는 브로고뉴 포도농장에서 태어났으나 아버지가 가족들을 버리자 어머니와 파리로 나와 삯바느질로 생계를 꾸려나갔다. 그녀는 마고보다는 미모는 약간 처졌지만 풍만한 몸매에 투명한 피부를 가진 것이 르누아르의 눈에 띄어 모델로 일하다가 바로 연인이 되었다.

그녀는 1885년 아들 피에르를 낳았다. 화가는 알린이 아이에게 젖을 물리고 있는 그림을 여러 장 그렸다. 그중에서도 「모성, 마담 르누아르와 아들 피에르」는 걸작으로 꼽히고 있다. 둘은 10년 동안 동거하다 1890년 르누아르 49세, 알린 31세 때 결혼했다. 그녀는 남편이 좋은 그림을 그릴 수 있도록 누드모델 섭외에 직접 나서기도 했다. 그녀는 오래 살지 못하고 남편보다 4년 앞서 숨졌다. 둘째 아들 장 르누아르는 영화배우 겸 감독으로 활동했다. 그가 감독한 「게임의 규칙」이란 영화는 '불멸의 영화 100선'과 '세계 걸작 100선'에 뽑힌 명작이다.

르누아르가家에는 부자 2대에 걸친 뮤즈가 있다. 그녀의 이름은 앙드레 외쉴링으로 「장미꽃을 꽂은 금발 여인」이란 그림의 모델이며, 데데라는 애칭으로 불리는 유명한 여인이다. 그녀는 화가 마티스의 소개로 르누아르의 젊은 모델이 되어 1015년 이후 르누아르가 죽을 때까지 모델 일을 했다. 그녀는 르누아르가 사망한 다음 해 둘째 아들 장과 결혼하여 카트린느 에슬링이란 예명으로 남편의 영화에 배우로 활동했다. 부자 2대에 걸쳐 활동한 르누아르가의 뮤즈인 데데는 프랑스 미술사에 길이 남을 만하다.

르누아르가 활동하던 시대에 작곡가 바그너는 파리 예술가들의 우상이었다. 1882년 이탈리아를 여행 중인 르누아르는 바그너를 만나기 위해 팔레르모 그를 찾아갔다. 바그너는 오페라 파르지탈을 작곡 중이어서 방문하는 예술가들을 좀처럼 만나주지 않았지만 르누아르에게는 점심나절 35분을 할애해 주었다. 화가는 잠시 동안에 대가의 얼굴을 스케치하여 「리하르트 바그너의 초상」을 그렸다. 바그너는 다음 해 사망했으며 르누아르가 그린 그림은 유명 음악가의 마지막 초상화가 되었다.

르누아르는 예순 즈음부터 관절염에 시달렸다. 팔에 붓을 묶어 혼신의 힘을 기울여 죽을 때까지 열심히 그렸다. 그는 필생의 주제이자 역작인 「풍경 속의 누드」를 완성하여 국가에 기증한 후 눈을 감았다. 향년 80세.

카미유와 로댕

오귀스트 로댕 **생각하는 사람**, 1902년, 청동, 180×98×145cm

카미유의 처절한 사랑
오귀스트 로댕

Auguste Rodin

　로댕의 「생각하는 사람」은 몇 살 때 어느 책에서 봤는지 전혀 기억이 나지 않는다. 「입맞춤」이란 작품은 그것보다는 훨씬 늦은 어느 때인 것 같은데 그것도 확실하지 않다. 그렇지만 두 작품이 내게 준 감명은 실로 대단한 것이었다.

　삼십여 년 전 세종문화회관에서 로댕전이 열려 「생각하는 사람」을 만나볼 수 있는 기회가 있었다. 가는 길목에 내가 좋아하는 괴짜 스님을 먼저 만나 법당 앞에 차린 조기찜 술상의 유혹을 뿌리치지 못해 그토록 보고 싶었던 로댕 선생을 만나 뵙지 못했다. 원통하고 애통했다. 연전에 올림픽공원 소마미술관에서 열린 누드전은 열 일 제치고 찾아가 로댕의 「입맞춤」을 원도 한도 없이 보았다.

　미술관을 다녀오면 산문 한 편 쓰는 것을 예술품을 감상한 데 대한 보답처럼 생각했는데 감동의 폭이 너무 크면 생각의 문이 닫히는지 단 한 줄도 쓰지 못했다. 백두산 서파코스 종주를 마치고도, 금강산을 세 번이나 다녀와서도, 로뎅의 「The kiss」를 보고서도 꿀 먹은 바보가 되고 말았다. 고려 때 해동 제일의 시인이라는 김황원이 평양 부벽루에 올라가 벽에 붙어 있는 시와 문장들이 마음에 들지 않는다고 모조리 불태워 버렸다. 그는 온종일 기둥에 기대어 시상을 떠올렸으나 '장성일면용용수 대야동두점점산'(長成一面溶溶水 大野東頭點點山)이란 두 구절만 쓰고 통곡하고 내려왔다고 한다. 로뎅을 만난 내가 그랬다.

　오귀스트 로뎅(1840~1917)과 연인 카미유 클로델(1864. 12. 8. ~ 1943. 10. 19.)의 전쟁 같은 사랑 이야기를 읽어보니 연민의 정을 넘어선 분노를 느낄 정도였다. 소설과 전기, 때론 영화를 보다가 더러 안타깝고 아픈 감정을 느낄 때도 있지만 이처럼 미워하는 마음을 억제하지 못하고 이렇게 속상해 본 적은 처음이다.

　카미유는 로뎅의 제자로 모델이자 연인이었다. 로뎅은 미켈란젤로 이후 최고 조각가다. 카미유가 19세, 로뎅이 43세 때 처음 만났다. 운명적인 만남이 불행한 죽음을 향한 첫 발걸음이었다. 카미유는 어릴 적부터 조각에 재능을 보여 10대 후반에 프랑스 예술가 살롱전에 「젊은 여인상」을 출품한 것이 당대 최고 조각가인 로뎅의 눈에 띄었다.

　로뎅은 카미유를 만나자마자 청순한 미모에 끌리고 돌을 다듬는 솜씨에 반했다. 로댕은 작업을 막 시작한 「지옥의 문」 제작의 조수팀 일원으로 그녀를 고용했다. 카미유는 재능을 인정받고 예술가들이 눈여겨볼 때까지 작업장에서 은둔자처럼 생활하며 열심히 일했다. 어느 정도 일이 몸에 익고 그녀의 미모와 재능이 로댕을 사로잡을 경지에 이르게 된다.

그녀는 타고난 성품이 자신감이 넘치는 고집쟁이여서 서서히 조각에 대한 창의적 열정이 용솟음치듯 밖으로 뿜어져 나왔다. 자신도 모르게 주위 환경에 도전을 시작한 것이 스승인 로댕과의 사이를 멀어지게 만들었다. 작가와 모델, 스승과 제자 사이라도 그 사이에는 복종보다는 경쟁이, 사랑보다는 시기가 두 사람의 삶을 방해하기 시작했다.

같은 작업 공간에서 온종일 생활하다 보니 마음부터 가까워지고 몸은 덩달아 서로가 공동으로 소유하게 됐다. 그러나 로댕에겐 20년간 동거해온 로즈 뵈레라는 모델이 달라붙어 있어서 카미유는 그게 못마땅했다. 로댕이 로즈와 동거하기 시작한 것이 카미유가 태어나던 해였고, 카미유 나이 스무 살 즈음에 로댕과 동거를 했으니 두 여인의 나이 차도 20년이었다.

카미유가 로댕의 연인으로 소문이 나자 집안에서 쫓겨났고 로댕 역시 그녀의 뛰어난 예술 감각에 질투를 느끼기 시작하여 사이가 멀어지고 있었다. 파리 예술가들 사이엔 카미유의 작품이 로댕을 앞서고 있다느니 로댕이 오히려 카미유의 솜씨를 표절하고 있다는 소문이 퍼지자 둘은 파국을 맞고 말았다. 카미유도 몹시 지쳐 있었다. 그녀는 로댕의 아내가 되어 평생 예술의 동반자로 살기를 원했지만 인연이 길게 이어지지 못한 것이 불운이었다.

자신의 곁을 떠난 카미유를 미워한 로댕은 그녀의 예술 활동을 방해했으며 심지어 전시회가 열려도 냉담 반응을 보였다. 카미유는 '로뎅이 나의 재능을 두려워해 나를 죽이려 한다.'는 강박관념에 시달렸고 편집증과 우울증이 동시에 찾아와 그녀를 괴롭혔다. 카미유는 가난과 냉대, 증오와 자학 그리고 질투와 공포가 광기로 번져 정신병자가 되어 가고 있었다. 그녀는 1913년 로뎅은 물론 가족들이 등돌린 가운데 정신병원에 감금되었다.

　카미유가 작품 한 점도 팔지 못한 견딜 수 없는 궁핍한 시절에 로뎅은 프랑스 최고 훈장인 레지옹 도뇌르 훈장을 받았다. 미술협회장이 되자 그의 조각품은 부르는 게 값으로 날개 돋힌 듯 팔려나갔다. 작품 중에는 카미유가 조각한 것을 로뎅이 사인하여 팔아먹은 것이 상당수라고 전해지고 있다. 로뎅은 왜 한때 열렬히 사랑했던 카미유를 가난에서 구제해 주지 못하고 작가의 앞날을 방해하고 훼방을 놓았을까. 로뎅의 인간답지 못한 행위가 마음에 들지 않아 그를 존경하던 내 마음이 미움으로 바뀐 듯하다. 다른 것은 모두 제쳐 두더라도 정신병원의 환자 신세만은 면하게 해 주어 작품 활동을 계속할 수 있도록 지원해 주었다면 불후의 명작들이 카미유의 손에서 탄생하지 않았을까.

　천재 조각가인 카미유는 로뎅의 품을 벗어나 있던 시기에 많은 걸작품을 빚었다. 그녀의 대표작 중의 하나인 「사쿤타라」(Sakuntala)는 마술에 걸려 말 못하는 눈먼 여인이 남편과 재회하는 모습을 새겼다. 이는 로뎅과 사랑에 빠진 자신의 모습이었다. 「성숙」이란 작품은 로즈로 보이는 나이 많은 여인이 남자를 품에 품고 있으며 카미유를 닮은 젊은 여성은 허공을 향해 양팔을 뻗고 있는 조각상이다. 이는 로뎅과 로즈 사이의 자신을 표현한 눈물

나는 조각상이다. 「인생 여정」도 한 여인이 저승사자인 로즈에게 끌려가면서 로댕을 향해 팔을 뻗는 애절한 작품이다.

　카미유 클로델이란 여인은 이 세상에 가장 슬픈 예술가의 초상이기도 하다. 그녀가 정신병원에 갇힌 지 4년이 지나 로댕은 카미유가 그렇게 싫어했던 로즈와 동거 53년 만에 결혼식을 올렸다. 그런데, 그런데 말이다. 둘이 결혼한 지 2주 후에 로즈가 폐렴에 걸려 사망하고 몇 달 지나지 않아 로댕도 77세로 숨졌다. 카미유를 버린 죗값인가. 정신병원에서 그들의 소식마저 담 쌓고 살았던 카미유는 그들보다 26년을 더 살다가 79세로 이승을 떠났다. 그녀는 하늘로 올라가 사람들이 안타깝게 쳐다보는 반짝이는 별이 되었다.

전쟁터에서 총 맞아 숨진
장 프레데릭 바지유

●

Jean Frédéric Bazille

장 프레데릭 바지유(1841. 12. 6. ~ 1870. 11. 28.)는 인물 묘사로 뛰어난 인상파 화가다. 그의 아버지가 미술 애호가여서 어릴 때부터 집안 곳곳에 널려 있는 예술품들을 보고 자랐다. 파리 몽펠리에의 중산층 개신교 집안에서 부족함을 모르고 성장했으며, 아버지는 "가난한 환쟁이가 되느니 부자로 살 수 있는 의사가 되라."고 채근하곤 했다.

아버지의 강권에 못 이겨 1859년부터 의학 공부를 시작했으나 자신은 화가가 되는 것이 꿈이었다. 1862년 파리로 나와 의학 공부를 하긴 했으나 게을리한 게 화근이어서 1864년에 치른 의사 시험에 낙방하고 말았다. 바지유는 낙방을 오히려 다행으로 생각하고 르누아르를 만나 샤를 클레르가 지도

하는 미술 수업을 듣게 된다. 그는 이미 외젠 들라크루아와 쿠르베의 작품을 보고 깊은 감명을 받은 터여서 그림공부가 적성에 딱 맞는다고 생각했다. 바지유는 타고난 재능과 어릴 적부터 눈으로 봐온 그림에 대한 후천적 DNA가 복합 작용을 일으켜 1866년 파리 살롱전에 출품한 두 점의 작품 중 한 점이 당선작으로 뽑혔다. 또 1869년에는 「가족 친목회」란 작품이 살롱전에 입선하는 기쁨을 누렸다.

바지유를 이야기하려면 먼저 파리란 도시를 앞세워야 하며 그다음엔 파리에서 활동한 화가들을 불러내야 한다. 파리는 19세기 후반 오스망 남작의 지휘 아래 추진된 도시계획으로 완성된 도시. 파리의 변화하는 모습을 인상파 화가들이 순간순간을 스냅사진처럼 생생하게 그려냈기 때문에 옛 모습과 지금의 모습이 장편영화의 필름처럼 잘 보존되어 있다. 그래서 인상파는 파리의 변화하는 과정을 그림으로 그린 화가들을 뭉뚱그려 칭하는 말이다.

인상파 화가들의 이름을 거론하면 마네와 드가 그리고 보들레르가 있다. 이 명단에서 뺄 수 없는 화가는 보불전쟁 때 국민방위군에 지원하여 싸우다 총 맞아 사망한 29세 청년 바지유다. 너무 이른 죽음으로 바지유란 이름이 기억에서 희미해지고 있지만, 그는 모네 · 피사로 · 르누아르 · 시슬레와 함께 활동했을 뿐 아니라 그들을 끊임없이 지원해온 잊어서는 안 되는 인물이다.

이중에서 마네와 드가는 인상파란 큰 틀의 일원으로 포함되긴 했으나 별로 탐탁하게 생각하지는 않았다. 이들은 나이나 경력으로 보나 젊은 그들보

장 프레데릭 바지유 **가족 모임**, 1867년, 유화, 캔버스에 유채, 152×230cm

다 한 수 위였기 때문에 선배가 후배들이 만든 동아리에 밀려 들어가는 것이 마음 내키지 않았다. 특히 마네는 「풀밭 위의 점심 식사」란 작품이 살롱전에서 낙선한 후 독특한 화풍의 혼자만의 길을 걸을 때 이들 후배 또는 제자뻘인 젊은 화가들이 동조해 주고 격려를 해준 것을 고맙게 여겼다. 그래서 별다른 불만 없이 인상파란 큰 배에 오른 후 내리지 못하고 그냥 흘러간 것으로 보인다.

인상파 화가들은 미술사 최초로 개인전이란 새로운 전시 형식을 만들어 마네 편에 서서 권위를 앞세워 으스대는 살롱의 미학을 질타하고 부정하기까지 했다. 이런 바람이 불어닥친 배후에는 바지유의 공을 무시할 수 없다. 와인 사업을 하는 부모 밑에서 부유하게 자란 그는 아버지가 보내준 돈으로 콩다민 9번가에 꽤 넓은 홀을 얻어 '바지유의 아틀리에'를 열었다.

이 아틀리에는 인상파 화가들의 아지트 구실을 했으며 화가들의 친구인 소설가 에밀 졸라와 바그너의 음악에 빠져있던 바지유의 친구인 피아니스트 에드몽 메트로도 단골로 드나들었다. 바지유는 이 화실을 가난하여 작업실을 구할 수 없었던 르누아르와 함께 사용했으며 물감과 그림 재료들을 미리 마련해 두고 누구나 사용하도록 지원해 주었다.

아틀리에 벽면에는 모네와 르누아르 그리고 주인인 바지유의 그림들이 잔뜩 걸려 있다. 「투망을 든 어부」와 「고양이와 함께 있는 소년」은 르누아르가 이곳에서 생활할 때 그린 작품이다. 이들은 밥값을 아끼기 위해 삶은 콩으로 배를 채우며 그렇게 살았다.

화가들 중에서도 모네가 그린 「인상 일출」이란 작품 제목에서 인상파란 말이 생겼듯이 그는 유일하고 영원한 인상파 화가로 손꼽히고 있다. 그는 생애가 끝날 때까지 '빛은 곧 색채'라는 원칙을 고수한 화가다. 그의 「빌 다브레 정원의 여인들」(1867년)이란 작품은 파리 근교 전원의 빛과 공기를 그린 인상파 그림 텍스트 중에서 맨 앞장에 있는 대단한 작품이다.

그의 친구 에밀 졸라는 이 그림을 보고 이렇게 말했다. "햇빛은 눈 부시게 하얀 치마 위로 쏟아지고 있다. 나무의 따스한 그림자는 거대한 회색 조각이다. 그 사이로 햇살을 받은 인물들의 의상 조각들과 대조를 이뤄 기묘한 상상을 부른다. 햇빛과 그림자가 이뤄내는 무언가를 통해 연민에 빠지게 한다." 이 그림의 뒷모습으로 서 있는 여인은 모네가 사랑한 모델이자 연인이며 첫 아내 카미유다.

특히 바지유의 아틀리에는 모네에겐 잊을 수 없는 장소이다. 바지유가 리옹에서 파리로 올라온 카미유를 모델로 쓰려고 데리고 온 날 모네가 첫눈에 반했다. 모네는 화실을 공짜로 기거하는 신세임에도 바지유의 모델까지 옆치기하여 아내로 삼았으니 분명 체면 없는 짓을 저지른 셈이다.

모네가 인터셉트하지 않았다면 예쁘고 날씬한 체격의 카미유가 바지유의 아내가 됐을지도 모를 일이다. 바지유의 아내가 됐더라면 단언하건대 가난에 찌든 삶을 살지 않았을 것이며 유산 후유증으로 고생하다 끝내 32세의 젊은 나이로 사망하는 변은 당하지 않았을 것이다.

바지유는 그런 사람이다. 인상파 시대의 모델은 그를 고용한 화가가 누드 자세와 섹스까지도 맘대로 할 수 있는 전유물이었다. 바지유도 피가 끓는

20대 청년인데 카미유를 데리고 올 때 왜 그런 생각이 없었을까. 그렇지만 바지유는 여자보다 친구를 더 사랑했기에 아름다운 카미유를 모네에게 양보하지 않았을까.

바지유가 그린 「콩다민가의 바지유 아틀리에」란 그림은 인상파 화가들의 젊은 날의 초상이다. 그림 속에는 바지유가 사랑했던 친구들이 각각 다른 모습으로 서 있거나 앉아 있다. 키가 큰 바지유는 마네와 모네에게 붓을 들고 자신의 그림을 설명하고 있으며 에밀 졸라가 계단에 걸터앉아 있다. 이 그림은 바지유가 전쟁터에 나가 총 맞아 숨지기 전에 그린 유작이다.

바지유는 1870년 보불전쟁이 터지자 자진 입대하여 주아브 보병연대에서 근무하게 된다. 루아레의 본리롤랑드 전투에서 부대 지휘관이 부상을 당하자 자신이 지휘관 대리 역할을 하게 된다. 그는 독일군 급습 계획을 세우고 공격에 나섰다가 도로 반격을 당했다. 그는 두 발의 총탄을 맞고 쓰러졌다. 잔 프레데릭 바지유는 고향인 몽펠리에에 묻혀 있다.

타히티 처녀들을 사랑한
폴 고갱

●

Paul Gauguin

    폴 고갱(1848. 6. 7. ~ 1903. 5. 8.)은 남태평양 타히티를 사랑한 프랑스 화가다. 그는 프랑스에서 태어났지만 고국의 풍광에 쉽게 적응하지 못한 이방인 같은 파리지엔이다. 이유는 그의 피 속에는 원시적 자유를 갈망하는 유전적인 외침이 있었기 때문이다.

    그는 진보 성향의 언론인 아버지를 따라 어린아이 적에 가족과 함께 페루로 도망치듯 떠났다. 고갱의 어머니 알린 샤잘은 페루인 어머니에게서 종족의 전통, 문화, 습관까지 잉카인의 기질을 그대로 물려받은 것을 고갱에게 고스란히 전해 준 것으로 보인다. 고갱은 자유인의 기질을 타고났다. 자유인의 궁극적 목표는 머물지 않고 떠나는 것이다. 그것은 여행이다.

고갱의 아버지는 페루에 도착하기 전에 심장마비로 사망했다. 아내 알린은 세 살이 안 된 딸과 생후 8개월짜리 고갱과 함께 낯선 땅 페루에 도착했다. 도착 직후에는 정치인인 외종조부의 보살핌으로 풍족하게 살았으나 그것도 잠시, 어머니의 배다른 형제들과의 내분으로 결국 파리로 돌아와 삯바느질로 생계를 유지했다.

고갱은 학교를 졸업한 후 상선의 도선사로 3년쯤 근무하다 해군에 입대하여 2년간 복무했다. 1867년 7월 어머니가 사망했다. 1871년 23세 때 지인의 추천으로 증권회사에 취직, 증권 중계인이 되어 11년간 근무했다. 고액의 연봉은 물론 미술품 거래에 손을 대 큰돈을 벌었다.

고갱은 1873년 덴마크 출신 메테소피 가드와 결혼했다. 10년 동안 살면서 5명의 자녀를 낳았다. 코펜하겐으로 옮겨왔을 땐 이렇다 할 직업이 없어 아내가 프랑스어 강의를 하여 생계를 꾸려 나갔다. 살림이 어려워지자 견디지 못한 아내가 떠나주기를 요구하여 1885년 고갱은 혼자 파리로 돌아갔다. 최종 결별을 위한 이혼 도장은 1894년에 찍었다.

프랑스 생활도 만만치 않았다. 고갱은 최하층 노동을 하면서 혹독한 빈곤 속에 살았다. 그림을 그리고 싶었지만 물감 살 돈이 없어 일 년에 고작 몇 점밖에 그리지 못했다. 그는 생활비를 아끼기 위해 물가가 싼 곳으로 자주 이사를 다녔다. 그러면서도 그림이 한두 점 팔리기만 하면 미지의 세계로 떠나고 싶어 안달하곤 했다.

고갱은 가난과 외로움에 지쳐 만신창이가 되어 갈 무렵 그림을 통해 친구로 사귀게 된 반 고흐를 만나 시골에서 함께 살았다. 둘 다 모나고 별난 성격이어서 자주 다투다가 헤어지고 말았다. 고갱은 이를 계기로 파리를 떠날 준비를 하게 된다. 남은 재산을 헐값에 몽땅 팔아 남태평양의 타히티로 떠날 결심을 굳혔다.

우선 타히티는 그의 핏줄 속에 흐르고 있는 원시로의 회귀 욕망과 여행을 통해 미지의 세계로 향한 자유에의 갈망을 충족시켜 줄 것이라고 생각했다. 그보다 현실적인 것은 남국의 하늘과 바다의 색깔을 닮은 낯선 어린 처녀들을 만나기만 하면 그의 굶주린 리비도(Libido)를 만족시켜 주리라 믿었다.

43세에 타히티에 도착한 고갱의 첫 작업은 여성 사냥이었다. 그곳은 먹고 사는 것을 걱정하지 않아도 되는 낙원이었다. 남국 특유의 원색들이 찬란하게 빛을 발하는 그림 그리기 좋은 색깔의 천국이었다. 그것보다 더 중요한 것은 백인 남성들의 로망인 원주민 여성들의 성적 판타지를 쉽게 충족할 수 있는 것이었다. 사실 타히티의 처녀들은 고갱이 그리던 이상적인 색(色)의 세계에 펼쳐져 있는 무한 바다였다.

프랑스의 문화는 질서, 제약, 권태에 얽매여 있었지만 타히티 원주민 문화는 자연, 풍요, 기쁨이 혼합된 다분히 성적이며 육감적인 자연 그대로의 삶이었다. 문화의 억압과 제도의 족쇄에서 풀려난 고갱은 물 만난 고기였다. 타히티에는 백인 남성과의 대가를 바라지 않는 성적 결합을 원하는 여성들이 수두룩했다. 두 달 항해 끝에 타히티에 도착한 그의 곁에는 흑백 혼혈의 창녀 테후라와 13세짜리 테하아마나란 원주민 소녀가 있었다. 잠시 프랑스에 돌아왔을 때는 자바 출신의 안나, 다시 타히티로 돌아가서는 파우러와 마리로즈 바에즈가 고갱 곁을 맴돌았다.

타히티는 백여 년 동안 선교활동이 벌어져 기독교 사상이 뿌리를 내렸을 법한데도 섹스에 대한 개방적인 문화는 바뀌지 않고 있었다. 원주민 여성들은 그들의 조상들이 그랬던 것처럼 방문객들과의 성관계는 대접이라 생각하고 마음이 끌리면 그녀들의 싱싱한 젊음을 주고도 유럽 식인 돈으로 계산하려 하지 않았다.

"전원에 널려있는 눈부신 모든 것이 나를 눈멀게 했다." 고갱은 영국인 혼혈인 첫 현지처인 테후라를 이렇게 설명했다. "그녀의 피에는 불길이 치솟았고 그 불길이 사랑을 만들어 냈다. 그 사랑은 독한 향수처럼 뿜어져 나온다. 그녀가 계산을 하든 하지 않든 눈과 입이 말하는 것은 오직 사랑뿐이다."

여행 중에 만난 테하아마나는 고갱의 "함께 살자."는 말에 별로 생각할 겨를도 없이 "예스."라고 답했다. 고갱은 그녀와 함께 살면서 어리지만 관능적인 그녀의 누드를 엄청나게 많이 그렸다. 타히티 여인들은 누드모델이 되는 것을 부끄러워하지 않았다. 고갱은 그들과 친밀감을 유지하기 위해선 섹스를 해야 된다는 것을 선택이 아닌 필수라고 생각했다. 이런 생각을 굳히고 나니 아무런 죄책감이 없었으며 색의 바다에 노니는 것이 몸뿐 아니라 영혼까지 자유로움에 젖어 들게 만들었다.

고갱은 12년 동안 그린 타히티 여성들의 원색적인 색감을 캔버스에 담아 테하아마나를 버리듯이 따돌리고 파리로 돌아가 전시회를 열었다. 그러나 후원자인 화상 테오도르와 비평가 알베르 오리에가 사망한 직후여서 작품이 팔리지 않아 빈털터리가 되어 타이티로 돌아왔다. 돌아온 사나이 고갱은

폴 고갱 **이아 오라나 마리아 (아베 마리아)**, 1891년, 유화, 캔버스에 유채, 87.7×113.7cm

테하아마나에게 앙코르 구애를 했지만 돌아온 대답은 "매독을 옮긴 당신하곤 다시는 안 살아."였다. 고갱은 14세인 파우라와 결혼하여 모델로 활용하면서 두 명의 아이를 낳았다. 여자아이는 어릴 때 죽고 남자아이는 커서 어부로 살며 어머니를 부양했다. 또 만성 질병인 매독은 낫지 않는데도 베히네, 배이호라는 원주민의 딸들을 건드렸다. 열네 살 소녀인 배이호는 딸을 낳았으며 그 딸은 미르키즈에 살았다.

고갱은 과한 음주와 중증 매독으로 붓을 들 수 없을 정도로 쇠약해져 자살을 기도하기도 했다. 그는 죽기 전에 남들이 기억해줄 유작을 남기고 싶어 혼신의 힘을 기울여 마지막 작품 「우리는 어디서 왔고 우리는 무엇이며 어디로 가는가」란 대작을 그렸다. 자유를 갈망한 외로운 보헤미안 고갱은 1903년 55세를 일기로 마약 중독에 겹친 매독으로 사망했다. 고갱이 누워 있는 히바아오 섬의 유택에는 그가 희롱하고 즐긴 타히티 여인들은 발걸음을 끊었다. 다만 남태평양의 햇빛과 바람만이 살랑살랑 찾아와 놀다 가곤 한다.

아이 다섯 매춘부를 사랑한
빈센트 반 고흐

·

Vincent van Gogh

 빈센트 반 고흐가 사랑했던 여인은 매춘부였다. 아버지가 각각 다른 다섯 아이의 어머니였다. 뱃속에 들어있는 아이의 아비까지 합치면 모두 여섯이다. 여인은 젊지도 예쁘지도 않았다. 햇빛이 얼굴에 비칠 땐 마마 자국이 선명하게 드러나 보였다. 시든 꽃처럼 한물가버린 여인이지만 실루엣으로 보면 멋있어 보이는 크리스틴이란 여인이다.

 빈센트가 그녀를 만난 건 헤이그에 도착한 그날 저녁 무렵이었다. 그는 그림을 배우기 위해 마우베란 사촌이 살고 있는 이곳으로 와 라인역 옆 14프랑짜리 월셋집을 얻었다. 동네 구경을 하다 희미한 석유 램프가 켜져 있는 카페에서 와인 한 잔을 마시고 있었다. 옆자리에는 술 한 잔도 마실 수 없는 가난한 여인이 멍하니 앉아 있었다.

딱한 형편을 보고 있던 빈센트가 "나와 한잔하시겠소." 하며 손을 잡아주자 크리스틴의 말문이 열렸다. 그녀의 엄마도 매춘부였다. 크리스틴과 남동생도 아버지가 누구인 줄 몰랐다. 아비 얼굴도 이름도 모르는 그들은 한집에서 함께 살고 있었다. 남동생은 한 방에서 생활하는 여자 친구에게 손님을 끌어주고 돈을 챙기는 뚜쟁이였다. 현직에서 은퇴한 엄마는 일거리가 떨어진 크리스틴을 거리로 내몰아 돈을 벌어 오게 했다. 공정 가격은 한 남자당 2프랑이었다.

빈센트가 "자식들이 나쁜 영향을 받을 텐데요."라고 걱정하자, "아이들도 자라면 어차피 그 짓을 하며 살아갈 텐데, 상관없어요."라는 대답이 돌아왔다. 크리스틴은 32세, 거리의 여자로 떠돈 지 14년이란 세월의 피곤이 불혹의 나이쯤으로 늙어 보였다. 그녀는 평소에 하루 종일 세탁 일을 하고 일당 일 프랑 반을 받았다. 몸이 아프거나 일거리가 없을 땐 거리로 나섰다. 빈센트를 만난 날도 술이나 한잔 마시고 남자를 물색하러 나서려던 참이었다.

카페에서 빈센트 집으로 자리를 옮긴 크리스틴은 밤거리에서 남자를 만난 얘기들을 솔직하게 이야기했다. 둘은 죽이 맞았다. '섹스는 윤활유군.' 이른 아침 빈센트는 이젤 앞에 서서 혼자 중얼거렸다. 그날따라 그림을 그리는 빈센트의 손놀림은 막힘없이 줄줄 풀려나왔다. 평소에는 작품이 메마르고 푸석푸석했는데 그것은 사랑의 결핍이 가져온 악마의 장난처럼 느껴졌다. 빈센트는 지난밤을 함께 보낸 크리스틴을 그리고 싶었다. 까놓고 얘기하면 하룻밤 풋사랑의 앙코르 공연을 은근하게 기대하고 있었기 때문에 그런 생각을 하게 된 것이 아닌가 싶다.

며칠 뒤 밤에 누가 방문을 두들겼다. 크리스틴이었다. 그녀는 검은 페티코트에 캐미솔을 걸치고 새까만 모자를 쓰고 있었다. 희미한 불빛 아래 흐릿하게 보이는 얽은 마마 자국이 이상한 매력을 뿜고 있었다. 빈센트는 그녀를 모델로 쓰고 하루 1프랑씩을 주기로 작정했다. 동생 테오에게 월 100프랑을 받아 살아가고 있는 처지에 모델료 30프랑 지출은 과하게 느껴졌지만 그림을 그리기 위해선 어쩔 수 없었다.

둘은 이날부터 한 방에서 생활했으며 크리스틴은 모델 일 외에 취사와 잠자리까지 수발을 들었다. 빈센트의 맘속에는 서서히 사랑이 싹트기 시작했다. 지금까지 온전한 사랑을 받아 본 적이 없는 크리스틴도 그런대로 살맛 나는 재미를 느낄 수 있었다. 빈센트는 그녀를 시엥이란 애칭으로, 부르기 시작했다.

빈센트는 스토브 옆 나무토막 위에 그녀를 발가벗겨 누드를 그렸다. 벗겨 놓고 보니 여인의 몸이 아니라 가난과 고통이 짓씹이놓은 슬픔의 꼼둥어리였다. 말라빠진 두 팔 사이에 얼굴을 파묻고 무릎 위로 내려온 마디 굵은 손가락은 하루 12시간씩 혹사당한 세탁부의 아픔이 고스란히 드러나 보였다. 등뼈 아래까지 내려온 숱 적은 머리칼과 야윈 정강이에 닿은 축 늘어진 젖가슴은 단맛이 다 빠져나간 한 여인의 슬프게 아름다운 일생이 쭈그러진 주름 속에 머물러 있었다.

빈센트는 그림 밑에 "어찌하여 이 땅위에 다만 혼자서 절망에 빠져 있는 여자가 있는 것일까."란 문구를 적어 넣었다. 그는 이 그림을 일주일 만에 완성하여 「슬픔(sorrow)」이라는 제목을 달았다. 그것은 빈센트가 그린 그림 중에서 명화 반열에 오른 대단한 작품이었다. 그러나 돈은 한푼도 남아 있지 않았다. 화상에게 10프랑을 빌려 6프랑은 크리스틴에게 넘겨주었다. 그 돈은 그녀 아이들의 일용할 양식에 보탬이 되었다. 빵을 물에 말아 먹어도 버티기 어려운 4프랑이 빈센트의 손에 남아 있을 뿐이었다.

세월은 흘러갔다. 크리스틴은 자궁을 수술한 후에 분만하지 않으면 뱃속 아기가 위험하다는 진단을 받았다. 비용은 50프랑, 빈센트가 책임을 져야 했다. 화상에게 넘겨준 12장의 스케치 값 30프랑과 그동안 아껴둔 식비 20프랑을 보태 집도 의사에게 보내주었다. 그리고 나니 땡전 한푼 없는 빈털터리가 되었다. 허기를 채울 일이 막막했다.

선배 화가 바이센부루흐에게 돈을 빌리러 집을 나섰다.

"25프랑만 빌려주세요. 집에는 말라빠진 빵 한 조각도 없어요."

"그게 좋은 거야. 은행에 돈은 있지만 자네에게 못 빌려줘."

"동생에게서 돈이 오면 바로 갚겠습니다."

"아니야. 돈이 없는 고통을 느껴 봐야 해. 그게 진짜 화가를 만들어 주는 거야."

"내가 겪는 고통을 당신은 즐기고 있네요, 제발 25프랑만 빌려주세요."

"텅 빈 뱃속이 꽉 찬 뱃속보다 나은 거야. 화가는 고통을 먹고 성장해야 하는 거야. 자넨 이제 겨우 고통의 껍데기를 스쳤을 뿐이야. 자네의 그림이 계속 거절당하고 굶주리는 고통이 크면 클수록 자네의 그림은 성숙하게 되는 거야. 지금 당장 집으로 돌아가 붓을 잡게."

빈센트 반 고흐, **가셰 박사의 초상**, 1890, 유화, 캔버스에 유채, 57×68cm

"배가 고파 서 있지도 못하는데 어떻게 붓을 잡아요?"

빈센트에게 정부가 있다는 소문이 헤이그 시내로 퍼져 나갔다. 그는 아랑곳하지 않았다. 시엥의 몸조리가 끝나면 결혼할 예정이었다. 큰 아이 넷은 그녀의 어머니가 맡아 기르기로 하고 곧 태어날 아기와 다섯째는 이곳으로 데려오기로 했다. 테오에게서 월 150프랑을 보내겠다는 연락이 왔다. 빈센트는 결혼에 대비하여 새집으로 이사하고 유화 물감 3점을 구입했다. 연필 스케치와 수채화만 그리다 유화 물감으로 그려보니 그림의 격이 달라지는 듯했다. 이때 그린 그림은 「게스트 다리 옆 버드나무 풍경」, 「감자 캐는 채소밭」, 「석탄재를 깐 경주로」 등이다.

소문이 나고 얼마 안 있어 드 보크가 찾아왔다.

"자네 정부는 누구야. 뒤에 앉아 있는 못생긴 저 할망구가 정부는 아니겠지."

"저 여자는 정부가 아니라 내 아내입니다."

"아이구 세상에, 시내에 멋쟁이 모델들이 수없이 많은데 하필이면 늙은 할망구가…."

드 보크는 기가 막혀 간다는 인사도 없이 도망치듯 나가버렸다.

시엥이 가까이 건너와 "두 분이 무슨 얘기를 나눴나요." 하고 물었다.

"당신이 내 아내가 될 거라고 했소."

"정말 나와 결혼할 셈인가요."

"난 가정생활의 고락을 겪어 보고 그 체험을 그림으로 그리고 싶소."

"나와 결혼한다면 동생이 당신을 버릴 거예요."

말은 그렇게 했지만 암울한 갈색 눈동자에 행복과 희망의 기운이 어려 있었다. 시엥은 빈센트 곁으로 다가와 목을 끌어안으며 "나를 사랑해준 남자는 당신이 처음이에요."라고 말했다.

"화가는 고통을 먹고 성장하는 거야."라며 굶주리고 있는 그에게 돈 한푼 빌려주지 않았던 화가 바이센부루흐가 빈센트 집으로 찾아왔다. 그는 그려 놓은 스케치 5점을 골라 점당 5프랑씩 25프랑을 주었다.

"생각보다 너무 많아요. 코르 아저씨는 점당 2프랑 반을 주던데요."

"자네 그림이 언젠가는 5천 프랑이 될 텐데 5프랑은 싼 거야." 화가가 갖고 간 스케치는 「문 닫은 시장의 노점」, 「정신병원의 세 노인」, 「줄 서 있는 무료 급식소 풍경」, 「쉐브닝겐 해변의 고깃배 한 척」, 「폭풍우 해변」 등이었다.

크리스틴의 행동이 엇박자를 짚기 시작했다. 생활이 어려워질수록 엄마 집에 들르는 횟수가 잦아졌다. 어쩌다 크리스틴에게 포즈를 취하게 하면 몸짓이 어색했다. 크리스틴은 빈센트의 따뜻한 보살핌으로 건강이 회복되고 보니 오래 잊고 있었던 밤거리의 악몽이 추억으로 승화되어 그리워지는 것 같았다. 그것은 싸가지없는 버릇과 습관이 빚은 후천적 유전인자의 방심할 수 없는 반항이랄까 발작과 같은 것이었다.

매춘부의 엄마들은 창녀 출신인 경우가 허다했다. 파리 물랭루즈의 최고 무희 잔느 아브릴도 크리스틴처럼 사생아였으며 어머니가 매춘을 강요하는 환경에서 성장했다. 그녀는 톱스타로 올라섰지만 미소를 잃어버렸으며 얼굴에는 애수의 그림자가 항상 짙게 드리워져 있었다. 잔느 옆에는 꼽추 화가 툴루즈 로트렉이 후견인 겸 전속 화가로 버티고 있으면서 그녀의 춤추는

빈센트 반 고흐 **별이 빛나는 밤**, 1889년, 유화, 캔버스에 유채, 73.7×92.1cm

모습을 엄청나게 그렸다. 그녀를 그린 작품 속에선 불멸의 여인으로 남아 있지만 말년에는 잊힌 여인이 되어 빈곤 속에 살다 슬프게 죽어 갔다.

빈센트의 수중에 일 프랑이 남았을 때이다.

"시엥, 이렇게 굶을 수는 없잖아. 아이들을 데리고 어머니 집에 가 있는 게 좋겠어."

"그래야겠네요."

빈센트는 테오에게서 50프랑이 도착한 날 그녀를 데리러 갔더니 크리스틴은 옛날의 거리 여자로 돌아가 있었다. 진한 술과 독한 담배를 피우고 있었다. 크리스틴은 빈센트에게로 돌아올 가망이 없어 보였다.

집으로 찾아온 크리스틴에게 이렇게 말했다.

"우리 이 년 전에 만났던 라인역 옆 그 카페로 갑시다."

둘은 와인 한 잔씩을 시켰다. 희미한 램프의 불빛은 여전했다.

"옛날 생각이 나는군. 우리 시골로 내려가 함께 삽시다."

시엥은 빈센트의 야윈 손 위에 갈라터진 손을 얹으며

"나는 엄마에게 어울리는 사람인걸요. 당신이 이해해 주세요."

"그러면 한 가지 소원만 들어 줘요. 다시는 밤거리로 나서지 말아요."

"빈센트, 내 벌이로는 아이들을 먹여 살릴 수가 없어요. 내가 다시 밤거리에 나서는 것은 내가 좋아서 하는 일이 아니란 걸 알아주세요."

빈센트는 몇 안 되는 가구들을 묶어 다락방에 올려놓았다. 피곤할 때마다 앉아 쉬었던 의자에게 손을 내밀며 악수를 청했다. "잘 있어." 작별인사가 끝나자 빈센트는 빨리 고향으로 가고 싶어 안달이 날 지경이었다. 떠나는 기차역에는 크리스틴과 두 아이가 나와 있었다. 빈센트는 말 한마디 하지 않고 열차에 올랐다.
 크리스틴은 갓난아기를 안고 다섯째 헤르만의 손을 붙잡은 채 그냥 서 있었다. 빈센트는 기차가 붉은 노을 속으로 빨려들어 갈 때까지 플랫폼에 서 있는 가족들의 모습을 지켜보고 있었다. 빈센트의 애잔한 마음은 그녀 옆에 놓여 있었지만 크리스틴의 못 잊을 사랑은 달리는 기차가 싣고 가버렸다. 기차역에서 말없이 헤어져 본 사람은 다 안다. 이 이야기는 우리 모두의 이야기, 어쩌면 가슴 깊은 곳에 숨겨두고 있는 나의 이야기인지도 모른다.

아들 낳고 이틀 뒤 숨진

조르주 피에르 쇠라

•

Georges Pierre Seurat

조르주 피에르 쇠라(1859. 12. 2. ~ 1891. 3. 29.)는 프랑스 신인상주의를 창시한 화가다. 그는 남들이 시도하지 않은 물감으로 점을 찍어 그림을 그린 신인상주의 화풍을 끈질기게 밀고 나가 현대 미술의 방향을 바꾼 선도적 화가다. 그가 시도한 점묘법 그림은 19세기 회화의 상징이 되었다. 우리나라의 김환기 화백이 고향 바다를 그리워하며 네모 속에 푸른 점을 찍어 우주를 상징하는 「어디서 무엇이 되어 다시 만나랴」는 대작도 혹시 한 시대를 앞서 살다 간 쇠라의 영향을 받지 않았을까.

쇠라는 파리에서 태어난 부잣집 아들이다. 아버지는 샹파뉴 출신의 지주이자 공무원이었다. 그는 자유를 추구한 개성이 강한 멋쟁이였으며 아들이 원하는 진로에 대해서도 반대하지 않고 지원해 주었다. 쇠라는 그 덕에 어릴 적부터 그림공부를 할 수 있었으며, 예술계의 첫발을 1875년 조각가 쥐스탱 르키양의 문하에서 시작했다. 이어서 파리의 예술 관문인 에콜 데 보자르에 들어가 본격적인 화가의 길을 걷는데도 아버지의 격려와 지원이 뒤따랐다.

그는 어릴 적부터 아버지의 별장에서 혼자서 그림을 그리다가 파리에 혁명정부가 세워지자 퐁텐블로로 내려가 아름다운 산천의 경치를 보고 풍경화에 매료되기도 했다. 쇠라는 브레스트 육군사관학교 인근에 머무는 동안 주변의 바다와 해변에 널려 있는 배와 온갖 풍경들을 열심히 그렸다.

쇠라는 미술학교에서 배웠던 미술교육이 너무 고루하고 틀에 박힌 것이어서 루브르 박물관을 비롯하여 여러 미술관을 돌아다니며 새로운 사조의 화풍을 받아들이기로 마음먹었다. 그는 원래 풍경화에 대한 관심이 많아 밀레의 자연주의 그림을 보고 심취하기도 했으나 그리 오래가지는 않았다.

쇠라는 자신이 가야 할 확실한 방향을 잡지 못하고 방황하던 중에 미셸 외젠 슈브뢸을 비롯한 과학자들이 쓴 논문을 읽고 색과 빛의 효과를 그림에 도입하면 될 것 같다는 힌트를 얻었다. 그것은 두 가지 색이 살짝 포개지거나 매우 가깝게 병치된 것을 멀리서 볼 땐 다른 색깔로 변한다는 것이었다.

색깔의 원리 중에는 색의 3원색과 빛의 3원색으로 나눠진다. 색의 3원색은 빨강, 파랑, 노랑 물감을 한데 모으면 그 접점이 검은색으로 변한다. 빛의 3원색은 빨강, 파랑, 초록을 한데 모으면 세 가지 색이 만나는 접점이 흰색으로 바뀌게 된다. 색은 섞으면 섞을수록 더 어두워지지만 빛은 섞으면 더 밝아지는 성질을 갖고 있다. 이 기발한 현상의 발견이 신인상파 화가들을 점묘법으로 그림을 그리게 한 테크닉의 기초가 된 것이다.

이보다 앞서 반 고흐는 인상주의에서 개성적인 화풍으로 바꾼 폴 고갱과 에밀 베르나를 만나 밝은 색채의 기적에 감동하게 된다. 종전까지 어두운 그림만 그려온 고흐는 이들을 만나면서 눈과 마음에 변화가 일어나 원색이 주는 기쁨을 찬양하게 된다. 고흐는 보색 관계인 두 색을 대비하듯 나란히 갖다 붙이면 서로가 더 뚜렷하고 밝게 보인다는 것을 알아냈다. 그는 정물화를 그리면서 배경은 노랑으로, 탁자는 흰색으로 칠해보니 두 색이 서로 밝게 살아 환한 빛을 내뿜고 있는 것을 보았다. 고흐의 그림이 점묘법으로 발전되지는 못했지만 미술 사조에 큰 변화가 올 것을 예고한 것이다.

과학자들의 이론에 일찍 눈뜬 쇠라는 색 점을 찍어 그림을 그리는 것을 과학적으로 접근하여 점묘법을 개발했다. 그는 센 강변 아스니에르 해변에 나가 물놀이하는 광경을 실험적인 점묘법으로 그려 「아스니에르의 물놀이」란 작품을 만들어 냈다. 그는 1883년 이 작품을 파리 살롱에 출품했으나 낯선 점묘법을 이해하지 못한 심사위원들이 전시를 거절했다.

쇠라는 주변 동료들의 격려에 힘을 얻어 다시 3m 길이의 「그랑드자트섬의 일요일 오후」란 대작 그리기에 도전한다. 그는 매일 현장에 나가 습작 스케치를 한 것이 60여 장에 달했으며 그림을 완성하기까지 2년이 걸렸다. 이 그림은 물감의 색깔이 원래 갖고 있던 색과는 전혀 다른 삼원색과 보색의 효과를 극대화한 점묘법으로 그렸다. 미국 시카고미술관은 파리에서 전시된 이 그림을 사들이자 깜짝 놀란 프랑스 정부는 명화를 지키지 못한 것을 후회하고 거액을 제시하며 돌려줄 것을 요청했지만 거절당했다. 지금까지 쇠라의 명화「일요일 오후」는 한 번도 문밖출입을 한 적 없이 '방콕 휴일 오후'를 보내고 있다.

쇠라는 미남인데다 항상 중절모를 쓰고 방금 다림질한 듯한 양복을 입고 다니는 멋쟁이였다. 그는 입이 무거운 사내다. 아무리 친하게 지내는 친구라도 그의 여자 친구가 누구인지 어디에 사는지 가르쳐 주지 않았다. 그는 한때 죽이 맞는 친구 겸 동료 화가인 에드몽 프랑수아 아망장과 댄스홀과 무도회장을 자주 출입했다. 친구들은 그가 댄스홀에서 만난 아가씨와 친하게 지내고 있는 것까지는 알았으나 그녀가 누구인지는 아무도 몰랐다. 그의 상대 아가씨도 입이 무겁긴 마찬가지였는지 촉새같이 말 많은 친구들에게 남자 친구가 누구인지 알려주지 않았다.

나중에 안 사실이지만 쇠라는 몽마르트르에서 멀지 않은 클리쉬 거리 쪽에 있는 작업실에서 젊은 모델 마들렌 크노블로흐와 비밀리에 함께 살았다. 쇠라는 부모에게도 동거녀가 있다는 사실을 알리지 않다가 사망하기 이틀 전 마들렌과 아들을 본가에 데려가 인사를 시켰다.

쇠라는 그동안 풍경화를 계속 그리다가 갑자기「서커스 소녀」란 그림을 그리기 시작했다. 그는 죽음을 예견했는지 제8회 앙데팡당전에 미완성인「서커스 소녀」를 전시회에 출품했다. 신인상주의 소속 동료들도 왜 그리다 만 작품을 냈는지 그 이유를 몰랐다. 결국 그 그림이 쇠라의 마지막 유작이 되고 말았다. 그는 전시회 준비위원으로 무리하게 일하다 감기몸살이 겹쳐 갑자기 쓰러졌다. 그날은 부모님께 아들을 보여준 지 이틀 뒤였으며 부활절인 일요일 3월 29일이었다.

　마들렌은 쇠라가 숨을 거둔 다음날 동사무소 격인 행정관청에 나가 쇠라의 아내임을 밝히고 아들을 호적에 올렸다. 아들 피에르는 아버지 쇠라가 걸린 폐렴으로 추정되는 바이러스에 전염되어 보름 뒤에 숨졌다. 단언하거니와 화려한 빛의 미학으로 주목받던 마네, 모네, 드가, 르누아르 등이 소속하고 있던 인상파를 단번에 낡은 장르로 만들어 버린 신인상주의 화가 쇠라가 요절하지 않았다면 미술계 풍토는 엄청나게 변했을 것이다.

　쇠라가 살아생전에 "내 그림에서 시가 보인다는 말들을 하지만 내게 보이는 것은 과학뿐"이라는 말 한마디는 그림에 과학이 접목되어 지각변동을 예고하는 것이지만 하늘이 내려주는 생명은 유한한 것이어서 안타까울 뿐이다. 그는 7점의 대작, 40점의 소품, 500점의 소묘 작품, 여러 권의 스케치북을 남겼다. 그는 32세의 나이로 하나님이 손짓하는 하늘나라로 올라갔다.

조르주 피에르 쇠라 **그랑드자트섬의 일요일 오후**, 1884년 ~ 1886년, 유화, 캔버스에 유채, 207.5×308.1cm

맑은 유리창을 비 젖은 듯 울게 한

마리안네 폰 베레프킨

●

Marrianne von Wereffkin

한탄과 절규가 그림이 되고 절망과 통곡이 회화가 된다는 걸 늦게 알았다. 여성화가 마리안네 폰 베레프킨(1860. 9. 10. ~ 1938. 2. 6.)은 러시아의 렘브란트라고 불릴 정도의 촉망받는 신예 화가였다. 그런 그녀가 사랑의 화살을 잘못 날려 결국 배신당한 비운의 화가로 전락하여 시련과 고통 속에 살다가 외롭게 생을 끝냈다.

베레프킨은 좋은 가문에서 태어났다. 러시아 황실과 가까운 귀족 출신 집안에 아버지는 제정 러시아군 총사령관이었다. 화가인 어머니는 어릴 적부터 화가의 꿈을 꾸고 있는 딸에게 지원과 격려를 아끼지 않았다. 그녀는 개인 교습으로 기초를 익힌 후 상트 페테르부르크 미술 아카데미에 들어가 유명 화가인 일리야 레핀으로부터 10년 동안 그림을 배웠다.

그녀는 1888년 어느 젊은 의사와의 비극적인 연애 사건에 연루되어 총상을 입고 오른손을 못 쓰게 되었다. 베레프킨은 부유한 아버지의 지원과 자신의 의지와 끈질긴 훈련 덕에 재활치료에 성공하여 붓을 다시 잡을 수 있었다. 불행이 끝나는가 싶었는데 진짜 불행의 씨앗은 스승의 교실에서 움트기 시작했다. 그곳에서 네 살 연하인 급우 알렉세이 폰 야블렌스키(1864. 3. 13. ~ 1941. 3. 15.)를 만난 것이다.

야블렌스키는 사관생도였다. 소녀들의 취향은 제복을 입은 청년의 말쑥한 모습과 절도 있는 행동거지에 빨려 들어가면 첫눈에 반하게 마련이다. 그녀 역시 끼가 동하면 주체할 수 없는 바람기가 많은 타입이어서 야블렌스키에 홀딱 넘어가 모든 것을 바치기로 결심하게 된다.

"나의 이상을 조형화할 수 있는 남자를 찾았다. 내 안에 있는 여성성은 나의 생각을 표현해 줄 수 있는 사람을 요구하고 있다. 야블렌스키! 그는 나의 반쪽이다. 내가 그 반쪽을 찾아낸 것이다."

야블렌스키도 러시아의 귀족 출신으로 10세 때 모스크바로 이주하여 육군 유년학교를 졸업했다. 그는 23세 때인 1889년 러시아 제국수비대의 친위장교로 배치되었으나 타고난 자유인이어서 군 생활이 몸에 맞지 않았다. 그는 모든 걸 내려놓고 늦깎이 미술학도가 되어 레핀의 미술아카데미에 입학했다. 그곳에서 베레프킨을 만나보니 하늘에서 정해준 운명같이 느껴졌다.

그녀는 야블렌스키가 자신보다 화가로서의 자질이 뛰어나다고 생각했다. 그러던 차에 스승이 가르치는 사실주의 회화에 회의를 느낀 야블렌스키는 좀더 색다른 그림을 그리고 싶었다. 무일푼인 그는 모든 것을 베레프킨에게 의존하고 있었으며 그녀는 아버지의 연금 덕분에 생활비 걱정은 하지 않았다. 그들은 결혼을 반대하는 아버지 몰래 1896년 뮌헨으로 도망쳐 살림을 차렸다.

그녀는 자신의 그림을 버리고 오로지 사랑하는 이를 위해 헌신적인 뒷바라지를 했다. 혼인신고를 하게 되면 남편 성을 따르게 되어 연금을 탈 수 없게 되어 그냥 아버지의 딸이란 신분을 계속 유지하고 있었다. 그들은 뮌헨에서 러시아에서 온 칸딘스키와 그의 동거녀 가브리에레 뮌터를 만나 네 사람은 표현주의의 대표 유파인 청기사파(Der blaue reiter)를 창시하게 된다.

그들은 남불 여행 중에 야수파(포비즘)의 거장인 앙리 마티스 작품에 영감을 얻어 그들의 갈 길을 포비즘(야수파) 쪽으로 정했다. 1905년 그들은 프랑스 북서부 지역인 브르타뉴와 프로방스를 여행한 후 마티스와 손잡고 함께 작업을 하기 시작했다. 또 아카데미 쥘리앵에서 알게 된 친구들과 함께 나비(Nabis)파를 결성하여 왕성한 활동을 하게 된다.

러시아에서 공산혁명이 일어나 세상이 뒤바뀌자 아버지의 연금을 못 받게 되어 생활은 하루아침에 궁핍해졌다. 베레프킨은 엽서와 삽화를 그려 얻은 빠듯한 수입으로 야블렌스키와 함께 생계를 유지했지만 그녀가 그려둔 그림은 팔지 않고 버텼다. 그들은 제1차 세계대전이 터지자 스위스의 아스코나로 이주했다.

베레프킨은 사랑하는 이를 위해 가난 속에서도 헌신해 왔지만 정작 믿었던 야블렌스키는 열다섯 살짜리 하녀와 호작질을 하여 아들을 낳았다. 그녀는 수모와 배신의 고통을 참고 견디며 그들과 한집에서 살려고 노력했으나 도저히 참을 수 없는 분통을 삭이지 못하고 떠나고 말았다. 그 때가 1920년이었다.

그녀는 자신이 살아왔던 인생길을 뒤돌아보면서 후회도 하고 반성도 해봤지만 그건 한때 반짝했던 불장난이었음을 늦게 깨달았다. 그녀는 생계에 도움을 주는 친구를 만나면 유독 자신에게 몹쓸 고통을 준 인연에 대해 이렇게 털어놓곤 했다. "그 가혹한, 그 난해한, 그 아이러니한, 그 아름다웠던, 그 거지 같은." 이 말은 그녀가 한 남자를 사랑했던 이야기를 축약한 것이다.

"나는 내가 발견한 나의 반쪽인 그 남자가 정말 멋진 그림을 그릴 수 있도록 그의 창녀가 되고, 부엌데기가 되고, 간호사가 되고, 가정교사가 되기도 했는데 나의 영혼은 결국 나락에 떨어졌다. 도대체 내가 나에게 무슨 짓을 한 것인가." 그녀는 일기를 이렇게 쓰고는 다시 붓을 잡으면 울분이 가공할 색깔로 변하여 보는 이의 가슴을 치게 만들었다.

그녀는 10년이 지나서야 통곡하듯 다시 붓을 들고 보니 야블렌스키와의 관계에서 맺고 끊는 단호함과 냉정하지 못했던 자신이 저질렀던 후회가 붓 끝에서 풀려나와 화폭을 덮었다. 베레프킨은 혼자가 된 후 스위스 마조레 호숫가 아스코나에 살 집을 얻어 남자를 향한 부질없었던 열정을 걷어치우고 자신만의 특유하고 창의적인 회화 속으로 빠져들어 갔다. 그녀의 만년 작품은 시련과 고통이 범벅이 된 것들이 주류를 이루고 있다.

한편 야블렌스키는 아들의 생모인 하녀 헬레네와 결혼했으며 거처를 비스바덴으로 옮겨 20년간 살면서 20세기의 뛰어난 표현주의 화가로 이름을 알리게 됐다. 1991년부터 비스바덴의 화상이 야블렌스키상을 제정하여 5년마다 비스바덴 박물관에서 시상식을 열고 있다. 이 시상식이 열릴 때는 야블렌스키와 베레프킨 작품이 같은 공간에 전시된다.

그들 둘은 결혼하지 않은 남남으로 배신과 고통의 주인공들이지만 그들의 회화 작품들은 항상 함께 거론된다. 이 글을 시작하면서 한탄과 절규가 그림이 되고 절망과 통곡이 회화가 된다는 말이 새삼스럽게 상기된다. 베레프킨은 스위스의 아스코나란 작은 마을 호숫가에서 배신당한 슬픈 생을 78세로 마감했다.

그녀는 임종을 맞는 순간까지 실컷 울어보려 했으나 눈물이 말라 버려 울지 못하고 이승을 떠났다. 늦었지만 베레프킨의 영전에 헨델의 오페라 '리날도' 중에서 「울게 하소서」(Lascia chio pianga)란 음악을 바치고 싶다. 이 음악은 하이 소프라노를 평생 유지하기 위해 어린 나이 때 남성을 거세당한 이탈리아 가수 파리넬리(1705~1782)가 부른 슬프고 처절한 음색의 노래다. 주여, 나를 울게 하소서. 그녀 대신에 맑은 날 유리창이 비에 젖은 듯 눈물을 줄줄 흘리며 울고 있었다.

키스할 나이에 이승을 뜬 「키스」 화가

구스타프 클림트

Gustav Klimt

「키스」라는 그림 하나로 세계 화단을 뒤흔든 구스타프 클림트(1862. 7. 14. ~ 1918. 2. 6.)는 한마디로 '잡놈'이다. 금가루를 뿌린 황금색 문양과 화려한 장식을 한 그의 그림은 오스트리아 상류층 귀족 여인들에게 엄청난 인기를 얻었다. 많은 여인들이 클림트의 모델이 되기를 자청했으며 몸까지 주는 일을 서슴지 않았으나 그는 평생 총각으로 살았다.

빈의 카사노바로 불릴 정도로 한 번쯤 모델이 된 여인들은 '거의 모두가 잠자리를 같이했다.'는 소문이 파다하게 퍼져 있었다. 클림트가 사망한 후 14명의 여인이 유산상속 소송을 했다니 섹스의 화신이라 불러도 지나치지 않을 듯하다.

구스타프 클림트 **연인**(키스), 1907년 ~ 1908년, 유화, 캔버스에 유채, 180×180cm

그가 낳은 자식들은 모두 14명이었다. 자식을 낳은 여인들이 힘을 합쳐 소송 판에 뛰어들었다. 그가 생전에 자식으로 인정한 아이는 단 한 명뿐이었으며 그 아이의 어머니는 엄청난 유산을 차지했다. 클림트는 입이 무거워 생전에 자신의 사생활을 누구에게도 공개하지 않아 숨기고 있는 비밀을 아는 이가 거의 없었다. 클림트는 작은 키에 통통하게 살이 찐 체형으로 얼핏 보아도 그렇고 뚫어지게 보아도 매력 있는 남자는 분명 아니었다. 그런데도 그의 주변에는 멋있는 여인들이 줄을 서 있었다. 아름답고 멋진 여성들은 남자의 외모를 크게 중시하지 않고 '돈과 힘'을 오히려 선호한다는 떠도는 시쳇말에 수긍이 간다.

클림트는 오스트리아 빈 근교 바움가르텐에서 태어났다. 아버지는 금세공사로 일곱 자녀를 키우느라 아홉 식구가 먹고살기에도 바빴다. 그는 14세 때 빈 응용 미술학교에 입학하여 회화와 장식 교육을 받고 졸업한 후 공방을 차려 공공 건물에 벽화를 그려 돈을 벌었다. 그의 남동생 에른스트도 공예에 타고난 소질이 있었다. 이십 대 후반부터 형과 함께 신축 국립극장과 미술사 박물관에 장식화를 그려 약관에 장식미술의 전문가로 인정받았다.

클림트가 28세 때 동생이 헬레네라는 처녀와 결혼하게 된다. 이때 클림트는 평생 연인이 되는 사돈네 처녀인 헬레네의 여동생인 열일곱 살짜리 에밀리 플뢰게를 만난다. 동생 부부 사이에 헬레네라는 엄마의 이름과 같은 조카가 태어난다. 기쁨도 잠시 이 년 뒤인 1892년 클림트의 아버지와 동생이 뇌일혈로 사망하자 어린 조카 헬레네의 양육은 클림트와 에밀리가 후견인으로 책임을 떠맡게 된다.

　남동생의 결혼과 출산도 운명이요, 클림트와 에밀리의 만남도 운명이었다. 남녀도 그렇지만 모든 동식물은 물론 미생물들까지 암컷과 수컷은 가까이 있으면 '딴따다 따'하고 팡파르가 울리게 마련이다. 클림트와 에밀리도 예외는 아니었다. 둘의 나이 차이는 열한 살 정도지만 특히 예술가들은 나이에 구애받지 않는 괴물들이다.

　클림트는 아무에게도 에밀리와의 육체 관계는 발설하지 않았다. 그렇지만 다만 둘 사이에 아기가 없었던 것을 두고 평론가들이 정신과 이상이 진한 결속을 이룬 플라토닉 러브로 몰아가지만 천만의 말씀이다. 에밀리는 클림트가 죽은 후에도 독신으로 지내며 그의 자식들을 돌봤다고 한다. 클림트가 죽는 순간에도 에밀리만 찾았다는데 육체가 맺은 사랑의 진한 기억 없이 그것이 가능할까. 하기야 평론가들의 논평을 곧이곧대로 믿으면 안 된다. 그들은 헛소리 전문가들이니깐.

　클림트는 에밀리의 초상화를 4점이나 그렸지만 다른 여인들을 그린 초상화에는 이름을 드러내지 않았다. 「아델레 블로흐 바우어의 초상화Ⅰ」란 작품은 2차 대전 때 나치에게 압수당했다가 전후에 그림의 주인을 찾지 못해 국가에 귀속되었다. 그 후 아델레의 가족 중 유일한 생존자인 조카 마리아 알트만이 국가를 상대로 소송을 벌여 승소했다. 이 초상화는 뉴욕 소더비 경매에서 미국 사업가 로널드 로더에게 당시 최고가인 1억 3천5백 달러에 낙찰됐다.

　그림의 주인공인 아델레는 클림트의 전속 모델이자 오랜 기간 내연의 관계를 유지해온 아름다운 여성이었다. 클림트는 그녀를 사랑하여 정숙하고 이지적인 모습을 걸작으로 남겼으며 작품 「유디트」의 경우에는 아델레를 모델로 하여 몽롱한 눈빛의 매력적인 여인으로 그리기도 했다.

클림트의 그림 중 최고의 걸작은 단연 「키스」라고 말할 수 있다. 그는 1903년 이탈리아 라벤나 지역을 여행하면서 비잔틴 모자이크 세계에 깊은 감명을 받아 「키스」를 그린 것으로 보인다. 이 작품은 한 번 보기만 하면 망막 속에 영원히 남는 명화 중의 명화다. 클림트는 「키스」의 주인공도 누구라고 밝히지 않아 지금까지도 궁금증의 해답은 풀리지 않은 상태다. 평자들은 임종 때까지 옆을 지켰던 에밀리 플뢰게를 지목하기도 하고 어떤 이들은 매력 있고 아름다운 여성 '아델레 블로흐 바우어'를 꼽기도 하지만 망자는 살아서도, 죽어서도 말이 없다. 나의 개인적인 소견은 「키스」의 주인공은 에밀리가 틀림없을 것 같다.

클림트의 「키스」는 볼 때마다 아름답고 신비롭다. 그림 속의 남자는 여자에게 기울어져 뺨에 입술을 대고 있고 여자는 남자에게 매달려 키스해 주기를 기다리고 있다. 화폭 전체가 황금색 꽃이다. 이런 세기의 걸작을 보기만 해도 소름이 돋는 황홀한 광경을 몇 마디 문자로 묘사한다는 자체가 어불성설이다. 그림을 보면서 글을 쓰고 있자니 몸이 떨리고 전율이 일어 더이상 진도가 나가지 않는다.

오스트리아 벨베데레궁전 미술관은 1908년 클림트가 「키스」를 처음으로 공개하자마자 값도 묻지 않고 매입하여 지금까지 소장하고 있다. 미술관은 「키스」 하나로 전 세계 관람객들을 끌어모아 오스트리아의 국격을 높이고 있으며 미술관은 미술관대로 그 가치를 향유하고 있다.

클림트는 1918년 1월 18일 뇌졸중으로 쓰러져 투병 중에 2월 6일 스페인 독감에 감염되어 한창 키스할 나이인 향년 56세에 이승을 떠났다. 생전에 그렇게 많던 여인들은 별 볼일 없이 사라졌고 에밀리만 임종을 지켰다고 한다.

친지 한 사람이 오스트리아 궁전 미술관을 다녀왔다는 소식을 전해왔다. 「키스」를 본 소감을 물었더니 "구경꾼만 바글 바글" 한마디뿐이었다.

여동생을 사랑한 천재 화가
에곤 쉴레

●

Egon Schiele

　에곤 쉴레(1890. 6. 12. ~ 1918. 10. 31.)는 오스트리아 화가다. 두 살 때부터 색연필과 종이를 갖고 놀았다. 집이 역 부근이어서 기차를 열심히 그렸다. 역장인 아버지는 아들이 그림만 열심히 그리자 스케치북을 불태워 버렸다. 열한 살 무렵에 두 번째 옮긴 학교에 들어갔으나 적응하지 못하고 중퇴했다. 쉴레는 운동과 그림 외에는 잘하는 게 없었다.

　쉴레는 근친 성향이 심해 네 살 어린 여동생인 게르티의 옷을 홀딱 벗겨 누드 그리기를 좋아했다 어느 날 둘은 방문을 안으로 잠그고 필름 현상을 하며 놀고 있는데 그의 못된 버릇을 알고 있는 아버지가 문을 부수고 들어온 적이 있었다. 아버지는 둘의 행동을 알게 모르게 감시하고 있었으나 아무리 타이르고 윽박질러도 철없는 사랑 행위를 중단시킬 수는 없었다. 아버지 아돌프 쉴레는 아들이 14살 때 매독으로 사망한 것이나 큰누나까지 매독이란 성병이 옮아 고생한 기록으로 보아 가문의 품행이 문란하고 난잡하지 않았나 싶다.

여동생이 열두 살 때 둘은 도망치듯 기차를 타고 트리에스테란 낯선 곳에 가서 호텔에서 일 박하고 온 적도 있었다. 그곳에서 무슨 짓을 했는지는 아무도 모른다. 나중 쉴레는 여동생 게르티가 자기 주변에서 떠나는 것을 무척 싫어했으나 동료화가 안톤페 슈카의 아기를 임신하면서 사이가 멀어졌다.

갑자기 앙드레 지드가 쓴 「좁은 문」이란 소설에서 외사촌 누이를 사랑한 슬픈 사랑의 이야기가 생각난다. 이 소설에선 "주여, 당신이 우리에게 가르쳐준 것은 좁은 문이었는데 둘이서 나란히 걸어가기에는 너무 비좁은 문이었습니다."라고 항변하고 있다. 육체의 본능과 영혼의 순결 사이에서 고뇌하는 인간의 내면을 섬세한 필치로 묘사한 글을 읽고 있자니 여동생을 사랑한 쉴레의 마음속을 들여다보는 것 같아 맘이 짠했다.

쉴레는 고교에서 유급을 한 후 빈 미술아카데미에 입학, 3년 동안 미술의 기초와 약간의 그림 기술을 익혔다. 그는 이 학교 뒤편에 있는 분리파 작업실에 드나들다가 담당 선생의 눈밖에 나 자퇴하고 동료들과 신예술가 그룹을 결성하여 독자 노선을 걸었다.

그가 스물한 살 되던 해인 1911년 4월 첫 개인전을 열자 당시 빈의 관객들은 분리파의 웅장하고 세련된 그림에 익숙해 있던 터여서 쉴레의 그림에 좋은 평가는 내리지 않았다. 그의 그림은 자화상이든 누드든 모든 것을 해체하고 일그러트렸기 때문에 그의 낯설고 생소한 그림을 이해하지 못했다. 그러나 평론가 아르투어 뢰슬러는 쉴레의 천재성을 알아보고 평생 동안 후원자가 되어 주었다.

쉴레는 험준한 새 길을 걸어 나올 때 모아 만두라는 깡마른 흑인 창녀이자 무용수를 모델로 만나게 된다. 그는 검은 모델의 그림을 그리는 와중에 발리 노이질이란 새로운 모델을 운명처럼 만나게 된다. 발리는 「키스」의 화가 구스타프 클림트의 모델이었다. 쉴레보다 38세나 많은 스승인 클림트는 모델로 기용한 귀부인이거나 전문 모델이거나 간에 잠자리를 같이하여 14명의 자식을 생산한 바람쟁이다. 스승이 쉴레에게 물려준 발리라는 모델도 '클림트가 맛과 간을 안 보고 보냈을 리 없다.'는 게 주변 사람들의 안줏거리였다. 쉴레는 감사한 마음으로 발리를 받아 바로 동거에 들어갔다.

쉴레는 발리와 동거 중에 방황하는 빈민가 소녀들을 데려와 옷을 벗긴 후 오만 요상한 포즈의 에로틱한 그림을 그렸다. 그때 쉴레의 나이 스물한 살이었다. 발리는 떠돌아다니며 나쁜 짓을 일삼는 소녀들에게 집으로 돌아가도록 설득했으나 먹혀들지 않았다. 소녀 중 하나가 '누드모델을 강요당하고 성폭행을 당했다.'며 당국에 신고한 사건이 터졌다. 경찰이 급습하여 누드화 100여 점 압수하고 쉴레에겐 24일간 구류 처분을 내렸으나 유괴와 누드 강요는 무혐의 처분을 했다. 그가 옥살이를 할 때 발리가 헌신적으로 옥바라지를 했다.

쉴레는 스승을 만난 초창기에 클림트가 그린 명화인 「키스」풍의 그림을

에곤 쉴레 **꽈리열매가 있는 자화상**, 1912년, 유화, 목판에 유채 및 불투명물감, 39.8×32.2cm

자주 그렸다. 그는 스승의 영향권에서 벗어나기 위해 '검은 옷 입은 흑인'이란 그의 대표작을 쉴레와 클림트가 서 있는 모습으로 그리면서 흑인 모델 모아의 얼굴 색깔처럼 검게 그렸다.

쉴레 나이 24세, 군 입대를 앞두고 결혼 상대로 데리고 살던 발리가 아닌, 철도공무원의 딸인 에디트 하름스를 선택했다. 그는 딴 여자와 결혼하면서도 발리가 자기 곁에 모델로 남아 있기를 원했다. 그는 '발리가 원한다면 결혼 후에도 연인관계를 유지할 수 있으며 매년 에디트를 제쳐두고 둘이서 휴가를 떠날 수 있다.'고 꼬셨으나 발리는 "노."라고 단호하게 거절하고 바로 그날 떠나버렸다. 쉴레가 에디트에게 보내는 연애편지 심부름까지 군말 없이 했으나 느닷없는 결혼 통보에 발리는 하늘이 무너지는 절망감을 느꼈으리라.

쉴레는 1915년 6월 17일 부모의 결혼기념일에 에디트와 결혼했으며 4일 후 군에 입대하여 프라하로 떠났다. 발리가 떠난 후 그녀와의 이별을 상징하는 「죽음과 소녀」라는 그림을 검정색 톤으로 그렸다. 쉴레는 발리의 떠남을 자신의 죽음과 연관 지어 생각할 정도로 결혼은 못했더라도 사랑의 기억은 가슴 속에 남아 있음을 그림으로 말하고 있다.

1918년 4월 경 아내의 임신 사실을 안 쉴레는 태어날 아기를 상상하여 에디트가 무릎 사이에 아기를 품고 있는 그림을 그렸다. 당시 유럽에는 스페인 독감이 창궐하여 2,300만 명이 사망했으며 그 와중에 에디트와 태어나지 못한 아기도 하늘나라로 올라갔다. 에디트가 숨지기 전 쉴레는 검정색 크레용으로 에디트의 모습을 스케치한 것이 그의 마지막 그림이 되었다.

쉴레도 아내가 떠난 사흘 후 아내가 앓던 독감에 감염되어 28세의 젊은 나이로 먼 길을 떠났다. 미국의 소설가 마크 트웨인은 "인생에서 가장 중요한 두 날은 태어난 날과 태어난 이유를 깨닫는 날"이라 했는데 쉴레는 태어난 이유를 너무 가볍게 생각한 건 아닐까.

그의 임종은 오빠를 진정으로 사랑했던 여동생 게르티가 지켰으며 그녀는 빈에서 87세까지 살았다. 쉴레와 4년간 동거하면서 결혼해주기를 간절히 바랐던 발리는 종군 간호사로 근무하다 쉴레의 사망 소식을 듣지도 못하고 세상을 떠났다. 마지막 남긴 말은 아주 짧았다. "개새끼, 못 잊어."

하녀를 사랑한 인상파 화가

카미유 피사로

●

Camille Pissarro

카미유 피사로(1830. 7. 10. ~ 1903. 11. 13.)는 쿠바 인근의 생 토마르섬(현재 미국령 버진 아일랜드)에서 태어나 파리로 진출한 인상파 화가다. 그는 유태인 상인인 아버지 아브라함 가브리엘과 어머니 라셀포미에 사이에 태어나 어린 시절 파리로 유학하여 학창시절을 보냈다. 1847년 고향으로 돌아와 푸에르토리코 근처의 바위 많은 작은 섬에서 잡화점을 하는 아버지 가게에서 일을 거들었다.

피사로는 일하는 틈틈이 바위 언덕에 올라 마을 풍경과 항구 모습을 그렸다. 아버지는 그림에 전념하는 것을 반대하자 편지 한 장을 남기고 가출해 버렸다. 그는 덴마크에서 온 프리츠 멜비란 화가와 함께 베네주엘라 카라카

스로 도망간 아버지의 마음이 누그러질 때까지 2년간 버텼다. 자식의 고집을 이길 아버지가 없다더니 드디어 '파리로 가서 미술공부를 해도 좋다.'는 허락이 떨어졌다. 그는 풍경화와 인물화를 가르치는 국립미술학원에 들어갔으나 취향에 맞지 않아 중도에 포기했다. 이런 와중에 살롱 전람회에서 카미유 코로를 만나 스승과 제자의 연을 맺고 풍경화에 심취하게 된다.

시골 촌사람이 도시에 진출할 경우 상당한 텃세에 시달리기 마련인데 그는 불굴의 의지로 버텨 인상파 화단의 최연장자로 대부의 자리에 올랐다. 그는 자신이 하고자 하는 일은 끝까지 밀어붙이는 강인한 성품을 타고난 섬사람이다. 가족들의 강력한 반대에도 불구하고 집에서 일하는 아홉 살 아래인 어머니의 하녀 줄리아 벨레와 결혼하는 강단을 보였다. 피사로는 집안에서 온갖 일을 하는 줄리아의 모습이 아름다워 자주 화폭에 담을 때 사랑이 싹튼 것으로 보인다.

그녀를 모델 대용으로 포즈를 취하게 하여 그림을 그리다 보니 머리카락부터 발끝까지 화가의 예민한 감각으로 몸의 구석구석은 물론 숨어 있는 마음씨까지 파악하게 된 것 같다. 그래서 그는 비록 하녀였지만 남한테 주기가 아까워 아내의 자리에 앉히게 된 것이 아닌가 싶다. 피사로가 그린 「창가에서 바느질하는 피사로의 아내」란 그림을 보면 그가 창문을 타고 들어온 빛의 효과를 얼마나 세밀하고 날카롭게 분석했는지를 엿볼 수 있다.

대부분의 인상파 화가들은 빛의 변화를 다각도로 관찰하고 그걸 보이는 대로 화폭에 옮겼지만 피사로는 그런 차원을 넘어서서 빛이 투사된 피사체를 사랑의 눈길로 어루만지고 있는 것을 아내의 초상을 통해 느낄 수 있다.

그는 강인한 성품을 타고났지만 부드러운 면도 동시에 지니고 있다. 그의 일생을 훑어보면 주변 화가들뿐 아니라 이웃들에게도 배려하고 양보하는 봉사 정신이 투철한 사람이었다.

피사로는 파리의 에콜 데 보자르에서 수학할 때 카미유 코로와 도비니의 풍경화에 매력을 느꼈다. 또 모네와 세잔과 친해지면서 햇빛 쏟아지는 벌판에 나가 풍경화를 열심히 그리기 시작했다. 그가 그린 풍경화를 보고 소설가 에밀 졸라는 "그의 그림을 보면 대지의 심원한 목소리를 들을 수 있다."고 격찬했다. 주변 친구들의 격려에 힘입어 살롱전에 출품한 작품이 평론가들의 찬사를 받게 되자 그의 이름이 비로소 화단에 알려지게 되었다.

보불전쟁이 터지자 피사로는 전화戰禍를 피하기 위해 런던으로 떠나 그곳에서 모네를 다시 만났다. 모네와 피사로는 런던에서 풍경화의 대가인 윌리엄 터너를 찾아가 빛의 표현에 대한 가르침을 받아 인상파들이 추구하는 화풍에 대입시켜 발전시켰다. 그때 모네는 결혼한 아내 카미유와 함께 살고 있었지만 돈이 없어 맹물로 며칠씩 버틸 때도 있었다. 그럴 때마다 부잣집 아들 프레드릭 바지유가 도와주었으며, 때론 모네보다 더 가난한 르누아르가 기다란 바게트를 들고 나타나 부부를 감동시키기도 했다.

때마침 피사로의 소개로 모네는 화상 폴 뒤랑뤼엘을 만나 지옥 같은 가난의 구렁에서 벗어나게 된다. 모네의 가능성을 예견한 화상 폴이 그의 그림을 사들이기 시작하자 가난뱅이 모네는 유명의사의 연수익과 맞먹는 연간 1만 2천 프랑을 벌어들였다. 그러나 화상 폴이 재정난을 겪게 되자 모네는 갑자기 수입이 줄어 다시 알거지가 되어 낙태 후유증을 앓고 있는 아내 카미유의 치료비를 댈 수 없을 정도였다. 그녀는 결국 32세 나이로 이승을 떠났다.

피사로는 전쟁이 끝나고 귀국해 보니 옛집은 폐허가 되어 있었다. 그는 변두리인 퐁투아즈에 새로운 거처를 정하고 안정된 삶을 살기 시작할 무렵 세잔을 만나 인상파 화가들과 함께 전람회를 열었다. 그때부터 피사로는 인상파의 중심 인물이 되어 인상파적인 그림을 그리다가 만년에는 파리의 오페라가街와 루엥 항구 등 풍경화를 다시 그리기도 했다.

그는 살던 퐁투아즈를 떠나 에라니 쉬르 엡트에 정착하면서 점으로 화폭을 가득 채우는 점묘파 화가 조르주 쇠라와 시냐크를 만나 그들의 화풍에 관심을 갖는다. 피사로도 그들의 영향으로 「창밖의 풍경」을 점묘법으로 그리기도 했다. 이러한 신인상파적 점묘 방식은 작업시간이 너무 오래 걸리는 단점 때문에 그는 흥미를 느끼지 못하고 기존 인상파로 돌아간다.

피사로는 초창기에 풍경화 쪽에 매달리다가 마네, 모네, 르누아르, 세잔 등 주변 화가들이 속해 있는 인상파 쪽에 맛을 들여 보니 그것이 예부터 내려온 통념을 깬 신사조임을 알아차렸다. 그는 인상파 화가들이 매 순간 달라지는 빛의 변화를 빠른 붓질과 두껍게 덧칠하는 방식에 묘미를 느끼기 시작하자 과감하게 풍경화에서 벗어난 것으로 보인다. 그러나 그의 작품에는 항상 온기가 남아 따스한 기운이 충만하다.

피사로의 아들들도 아버지 못지않은 화가로 성장했다. 어릴 적부터 어머니를 모델로 그림을 그리던 아버지의 모습을 보고 자랐기 때문에 그 영향이 큰 듯하다. 큰아들 루시앙의 「요정」이란 작품은 숲속에 서 있는 소녀를 그린

카미유 피사로 **루베시엔느 과수원의 개화**, 1872년

것으로 꿈속에서 본 듯한 아주 몽환적인 그림이다. 그는 27세 때부터 영국에 살면서 영국 여자와 결혼하여 낳은 딸이 화가가 되었다.

또 피사로의 3남 펠릭스 피사로는 스물셋이란 나이로 요절했지만 그도 뛰어난 화가였다. 그가 그린 「숲의 풍경, 개와 걷는 여자」는 화단에서 피사로가 거론될 때마다 루시앙의 그림과 펠릭스의 숲속 풍경 등 두 아들에 관한 이야기가 화제에 올랐다. 피사로는 부자 3대가 가업을 계승한 특별한 가문이다. 이런 연유로 피사로의 그림이 옥스퍼드대학 애슈몰린 박물관에 기증되어 전시되고 있다.

피사로 만년에 화상 폴 뒤랑뤼엘이 피사로의 회고전을 열어 크게 성공시켰다. 피사로는 눈병이 악화되어 거리에 나서지도 못할 정도로 건강이 좋지 않았다. 그는 파리 시내 호텔의 방 하나를 얻어 도시의 거리 풍경을 계속 그렸다. 「반진코트의 해질녘」, 「파리 르아브르 광장」, 「에라니 샤를의 해질녘」 등 모두 24점을 이곳에서 완성했다. 피사로는 유화와 파스텔화를 모두 합쳐 1,600여 점과 200여 점의 판화를 남기고 73세에 파리에서 타계했다.

자연을 관통하는 끝없는 절규
에드바르 뭉크

Edvard Munch

에드바르 뭉크(1863. 12. 12. ~ 1944. 1. 23.)는 노르웨이 출신 표현주의 화가다. 그의 초상이 1,000크로네 지폐에 그려져 있는 노르웨이 국민들이 추앙하는 대표적 화가다. 그는 아버지 크르티안 뭉크와 어머니 레우라 사이에서 5남매 중 둘째로 태어났다.

뭉크는 어릴 적부터 병약했으며 심한 우울증을 앓고 있었다. 그 원인은 가족들의 연이은 죽음을 어린 나이에 감당할 수 없어 생애가 끝날 때까지 검은 사신의 공포에 쫓기는 삶을 살았다. 따라서 그는 '이러다가 나의 목숨도 곧 끝나는 게 아닌가.' 하는 죽음의 그림자에 시달렸으며 그리는 그림마다 사망의 음침한 골짜기의 냄새가 풍기고 있었다. 그는 누나가 폐결핵을 앓다 숨질 때 「병든 아이」라는 그림을 그린 후 "나는 평범한 사람들의 생활하는 모습을 그릴 것이 아니라 사람들이 괴로워하면서 사랑하고 사랑하면서 죽어 가는 모습을 그려야 해."라고 말 한 적이 있다.

뭉크 나이 다섯 살 때 어머니가 결핵으로 숨졌으며 열세 살 때는 두 살 위의 누나가 역시 폐병으로 사망했다. 여동생 중 하나가 정신착란 증세로 정신병원에서 죽었으며 그 후 아버지와 남동생이 릴레이 경기하듯 차례로 하늘나라로 올라갔다. 그는 결핵과 정신병이 언제 자신에게 덮칠지 모른다는 강박관념 때문에 정신이 혼미해진 적이 있었다. 자신의 주변에는 질병과 미칠 것 같은 광기가 항상 둘러싸고 있다고 느끼고 있었다.

그는 평생 독신으로 살았지만 주변에 여인이 없었던 것은 아니다. 아버지는 군의관 출신으로 전역 후에는 빈민가 주변에서 개업한 가난한 의사였다. 뭉크가 만난 첫 여인은 그를 물심양면으로 후원해준 프리츠 탈로란 사업가의 형수이자 남편이 해군 군의관인 밀로 탈로란 여인이었다. 자유분방한 보헤미안적 성품의 사람으로 사교계의 여왕으로 군림한 그런 여인이었다. 그녀는 뭉크가 쉽게 감당할 호락호락한 여인은 아니었다. 뭉크는 그녀와 사귀면서 의심과 질투로 고통에 시달렸으며 오죽했으면 '메두사 같은 인간'이라고 표현했을까.

두 번째는 다그니 유엘이란 여인으로 역시 만만찮은 여걸이었다. 그녀는 멋있는 미인이었다. 거기에다 매력적이며 음악 지식이 풍부하여 모임에 나가면 사교계 인사들이 줄지어 뒤를 따랐다. 그녀는 뭉크와 그의 친구 두 명 그리고 러시아 청년까지 사각 관계의 연애를 즐기고 있었다. 그러다가 그녀는 함께 놀던 주변 친구들을 모조리 차 버리고 폴란드 사람 프쉬비지 예프스키와 결혼했다. 사각 관계 연애를 하던 친구들은 한 방에 덩덕개 또는 시정마始精馬 신세로 전락하여 맥이 풀려 축 늘어지고 말았다. 뭉크 주변의 친구들은 "그녀의 얼굴은 성모 마리아처럼 생겼지만 운명은 팜므파탈"이라며 뒤에서 쑥덕거렸다. 뭉크도 그녀의 미모에 반해 오랜 기간 동안 사랑했지만 슬픈 기억만 안고 돌아서야 했다. 아니나 다를까 그녀는 34세 생일을 앞두고 총에 맞아 불귀의 객이 되고 말았다.

세 번째 여인은 툴라 라르센이다. 그녀는 부잣집 딸로 뭉크보다 4년 연상이다. 예술에 관한 지식이 해박했으며 성격 또한 적극적이었다. 뭉크는 툴라와 이탈리아 여행을 다녀오면서 마음의 문을 열고 사랑을 받아들이는 듯했으나 결혼을 강요하는 그녀를 매몰차게 거절해버린다.

그녀는 뜻이 이뤄지지 않자 권총으로 자살하겠다는 협박도 서슴지 않았다. 하루는 오발 사고를 일으켜 그녀가 쏜 총에 뭉크의 왼쪽 세 번째 손가락이 관통상을 입었다. 뭉크는 수술과 치료를 통해 재생시키려고 노력했으나 결국 손가락을 잃고 장갑 낀 자화상을 그리게 됐다. 툴라와 결별한 후 술을 과하게 마시고 아무에게나 시비를 거는 등 불안과 환각 증세가 심해져 병원에서 8개월간 요양 치료를 받았다.

세 사람의 여인을 잃거나 떠나보낸 뭉크는 여성혐오증이 심해졌다. 미모가 아름다웠던 두 번째 여인에게 배신당한 후 더이상 여인의 사랑을 믿지 않았다. 그녀를 모델로 「마돈나」라는 작품을 완성하기는 했으나 마돈나로 여겼던 여인이 세례 요한의 목을 은쟁반에 담은 살로메와 크게 다르지 않다

에드바르 뭉크 **절규**, 1893년, Tempera on board, 83.5×66cm

는 생각을 끝내 버리지 않았다.

뭉크의 대표작은 「절규」다. 절규는 현대인들의 불안한 영혼과 고통을 상징하고 있다. 이 그림을 그리면서 다양한 버전의 비슷한 그림을 무려 50개나 그렸다. 배경은 붉은색 하늘과 다리 밑으로 흐르는 차가운 색의 바다가 대비를 이루고 있다. 이것은 눈에 보이는 대상일 뿐 보이지 않는 영혼의 함성을 들을 필요가 있다.

그것은 바로 현실과 환상 속에서 좌절하는 불안과 우울증을 그림을 보는 이의 몸에 전율이 일도록 절묘하게 표현하고 있다. 그리고 조현병 환자들의 증상이기도 한 강박관념이 양쪽 귀를 덮은 두 손이 설명하고 있다. '절규'를 한참 동안 보고 나면 해골 같은 대갈통에서 울려 나오는 비명 소리가 좀처럼 멈춰지지 않는다. 우리 모두는 들리지 않는 소리로 수시로 고함을 내지르는 뭉크의 「절규」속의 사람과 똑같은 안타까운 사람들이 아닐까.

"나는 친구들과 산책을 나가 해가 지기 시작했고 갑자기 하늘이 핏빛으로 물들었다. 나는 피로를 느껴 멈춰 서서 난간에 기대었다. 핏빛과 불의 혓바닥이 검푸른 협만과 도시를 뒤덮고 있었다. 친구들은 계속 걸어갔지만 나는 두려움에 떨며 서 있었다. 그때 나는 자연을 관통하는 끝없는 절규를 들었다."

뭉크가 자연에서 들려오는 절규를 듣고 걸작「절규」를 그린 후에 했던 말이다. 그는 유화 1,008점, 드로잉 4,443점, 석판화 478점, 에칭화 188점, 목판화 148점, 석판화 143점, 동판화 155점을 남겼다. 이 작품들은 유언에 따라 오슬로시에 기증됐으며 모두 뭉크미술관에 순회, 전시되고 있다. 그는 Edvard Munch라는 이름과 함께 「절규」를 남겼다.

난쟁이 화가와 몽마르트르 무희들
앙리 드 툴루즈 로트렉

Henri de Toulouse-Lautrec

 툴루즈 로트렉(1864. 11. 24. ~ 1901. 9. 9.)의 초상을 그림으로 볼 때마다 짠한 생각을 지울 수 없다. 서커스에 나오는 재롱둥이 난쟁이보다는 조금 큰 편이지만 정상인보다는 다리가 엄청 짧았다. 화집에 있는 춤추는 무희들의 긴 다리는 로트렉의 작은 키를 덮어주었으며 운명에 대한 원망과 분노를 지워 주는 것 같았다.

 로트렉은 아주 매력적인 사내다. 그가 살았던 몽마르트르 언덕의 술집 물랭루즈 주변의 풍경들이 전혀 어울리지 않을 것 같지만 그가 그린 춤추는 댄서, 노래하는 가수 그리고 몸을 파는 매춘부들의 삶의 모습들을 볼 때 작은 키가 크게 허물이 되지 않았다. 그것보다는 그림에 나타난 여인들의 우수 섞인 절망과 희망 없는 생활 속의 울분들이 로트렉의 캔버스 위에서 붓으로 외치는 함성과 뒤엉켜 그렇게 조화로울 수가 없다.

그는 귀족 가문에서 태어났다. 그러나 귀족의 자식으로 인정받지 못했다. 유럽 귀족들은 가문의 혈통이 순혈로 보존될 수 있도록 근친결혼을 하는 것이 관례였다. 근친끼리의 혼인은 피의 맑음을 보존하는 것이 아니라 오히려 흐리게 만든다는 것을 그때는 몰랐다. 로트렉은 유전자의 반란으로 키가 자라지 못하는 기형아가 되어 아버지로부터 내침을 당하고 말았다.

어머니의 보살핌이 극진했지만 장애는 극복되지 않았다. 사람들이 그를 보는 시선이 불편했다. 그는 두 번이나 당한 골절 사고로 병원 침대에 누워 그림 그리기에 재미를 붙인 것이 전문 화가의 길로 들어서게 된 계기가 됐다. 로트렉은 정상인의 냉대를 피해 겉모습은 말짱하지만 정신이 불구인 매춘부들의 세계로 뛰어들었다. 그곳이 바로 몽마르트르의 물랭루즈라는 곳이었다.

로트렉은 매춘부들을 보는 눈길이 달랐고 자세가 달랐다. 다른 화가들은 그녀들을 모델로 그림을 그리긴 했지만 마음 한구석에는 비하하고 무시하는 기미가 화폭 속의 찌꺼기로 남아 있기가 예사였다. 그러나 로트렉은 여인들이 낮은 곳에 살면 자신도 짧은 다리를 끌고 낮은 곳으로 내려가 누추하지만 뜨겁게 살아가는 그녀들의 모습들을 캔버스에 옮겼다. 물랭루즈의 무희, 가수, 광대, 곡예사들은 모두 로트렉의 친구였으며 술집 주변 집단촌에 살고 있는 매춘부들도 누이였다.

잔느 아브릴(Jane avrir)은 얼굴과 몸매가 예쁜 캉캉 춤을 추는 최고의 댄서였다. 그녀는 우아한 스타일로 정숙함과 요염함을 함께 지닌 멋쟁이였다.

로트렉은 그녀의 미모와 미술과 문학을 사랑하는 지성미에 반해 물랭루즈 스타 중에서 유일하게 사랑에 빠진 아름다운 여인이었다. 캉캉 춤을 출 때 상반신을 드러낸 그녀의 자태가 너무 예뻐 그녀의 춤을 보기 위해 수많은 파리지앵들이 줄을 서서 입장을 기다렸다.

잔느 아브릴이 춤을 출 땐 흰색 스커트 사이로 직각으로 드러낸 왼쪽 다리를 흔들며 열정적으로 추는 모습에서 섹슈얼한 리듬감이 느껴졌다. 사생아인 잔느는 태생적인 슬픔에 젖어 '미소를 잃은 여인'으로 불리기도 했다. 그녀는 물랭루즈의 포스트에 나오는 라 글뤼보다 춤을 더 잘 췄지만 성질이 괴팍하여 '미친 년' 또는 '이상한 년'이란 소리를 자주 들었다. 그러나 화가들은 누구도 흉내 낼 수 없는 잔느의 고독한 표정을 사랑했으며 그걸 그리기를 원했다.

잔느를 사랑한 로트렉은 「물랭루즈의 잔느 아브릴」과 「춤추는 잔느 아브릴」 등 많은 명화를 그렸다. 그녀는 파리 화가들의 뮤즈이기도 하지만 만인의 연인이었다. 로트렉은 그가 그리는 작품 속에 예술가적 영감을 불어 넣어 무희건 매춘부건 간에 불멸의 여인으로 남게 했다. 그는 그림 속에선 그녀들을 나쁘게 보는 어떤 편견도 삽입하지 않았다. 다만 눈에 보이는 그녀들의 처절하지만 치열한 삶을 가감 없이 그려냈다.

로트렉은 불멸을 좋아했다. 내일이면 잊히는 매춘부들의 삶까지도 불멸로 이어지도록 그들의 영혼을 화폭에 옮겼다. 그는 삭아 없어지는 것은 예술이 아니라고 생각했다. 로트렉은 잔느와 결혼하기를 원했으나 서로가 짊어지고 있는 짐을 내려놓을 수가 없어 성사되지 못했다.

앙리 드 툴루즈 로트렉 **물랭루즈에서의 춤**, 1890년, 유화, 캔버스에 유채, 116×150 cm

로트렉은 사망하기 7년 전 매춘부들이 집단을 이뤄 사는 골목 촌으로 이사를 갔다. 독한 압생트 술을 너무 많이 마셔 알코올 중독 상태였으며 황음으로 인한 매독이 온몸으로 번져 치유가 불가능했다.

어느 날 아버지인 알퐁스 백작이 입원하고 있는 병원으로 찾아왔다.

"아버지, 나는 아버지가 살아 계신 걸 알고 있었어요. 늙은 멍청이 아버지!" 로트렉이 죽기 전에 아버지에게 던진 처음이자 마지막 말이었다. 로트렉은 37세의 나이로 말롬에 있는 어머니 집에서 숨을 거뒀다.

로자 라 루즈(Rosa la rouge)는 로트렉이 거리에서 만난 카르멘이라 부르는 매춘부였다. 빨강 머리가 묘한 매력을 풍기고 있어서 로트렉이 매우 좋아한 모델이었다. 그녀는 전혀 꾸미지 않았으며 아무것도 거리낄 게 없는 자신감의 소유자였다.

그녀가 로트렉을 사로잡은 것은 전혀 여성스럽지 않은 여성이 풍기는 마력 때문이었다. 빈약한 가슴에 깡마른 몸매가 아기를 낳아도 젖 한 방울 나올 것 같지 않았다. 로트렉은 그녀의 고집스런 성격을 반영하는 앙다문 입술에서 노동하는 여성의 전형을 본 것 같았다. 모델로서 포즈를 취할 때도 옷을 갈아입거나 흐트러진 머리칼을 손가락 빗으로도 빗지 않았다. 그야말로 '케 세라 세라. 내 길은 내가 간다.'는 마이웨이의 신봉자였다.

로자는 로트렉에게 매독이란 성병을 옮겨 그것이 37세로 요절하게 한 요인이 되긴 했지만 오랜 기간 동안 애인 겸 친구로 남아 있었다. 로트렉이 그린 봉두난발에 허름한 남방셔츠를 걸친 「로자 라 루즈」란 그림은 미국 필라델피아 반즈 미술관에 전시되어 있다. 로자는 짧은 생애 동안 허무와 남루

속에 살았지만 지금은 미술관에서 불멸의 영원 속에 살고 있다.

라 글뤼(La goulue)는 물랭루즈의 댄서였다. 프렌치 캉캉 춤을 만든 사람으로 알려져 있지만 춤 실력은 잔느 아브릴에는 미치지 못했다. 로트렉이 그린 첫 채색 석판화 포스트에 'La Goulue'란 이름이 새겨져 일약 스타덤에 오른 인물이다. 포스트는 3천 매가 인쇄되어 파리 전역에 나붙었다.

로트렉은 27세 때 이 포스트 제작으로 화가들 사이에 이름이 알려졌다. 라 글뤼는 루이즈 베베르란 원래 이름이 있었으나 아무도 그녀를 본명으로 부르거나 기억하는 사람은 없었다. 로트렉은 석판화를 제작하면서도 냉정함과 연민이 드러나도록 작업했다. 그는 단순한 윤곽선을 통해 움직임이 살아나도록 묘사했으며 그의 포스트를 보면 과감한 역동성을 느낄 수 있었다. 한편 라 글뤼는 춤을 추며 객석으로 내려와 손님들의 테이블에 있는 음료수를 홀랑 마셔 버리는 버릇이 있었다. 그녀는 대식가로 만년에 불우하게 살다 생을 끝마쳤다.

로트렉은 물랭루즈의 최고 샹송 가수 이베트 길베르(Yvette guilbert)를 사랑했다. 그녀는 인기가 많아 파리 시내 음악 카페와 카바레 등에 불려 다니며 샹송을 불렀다. 로트렉은 무희와 매춘부들만 봐 오다가 이베트와의 만남은 새로운 눈뜸이었다. 이베트는 초록색 드레스에 검은 장갑을 끼고 두 팔만 흔드는 전설을 만들어 낸 가수였다. 장갑을 낀 손은 트레이드 마크처럼 굳어졌지만 실은 가난한 그녀에게 가격이 싼 검정색 장갑은 우아한 외모를 드러낼 수 있는 멋진 소품이었다.

로트렉은 이베트와의 만남이 잦아질수록 그녀를 향한 사랑이 존경과 흠모의 차원으로 발전하기에 이르렀다. 그녀의 또랑또랑한 목소리는 청중들의 가슴속에 파고들었으며 가사는 너무 비극적이어서 애절했다. 그녀는 빈민가 출신으로 어릴 적부터 생계를 위해 노래를 불렀다. 노래 가사는 실연의 아픔과 배신의 고통뿐 아니라 가난이 빚은 온갖 고난을 숨김없이 털어놓았다. 그러니까 이베트의 일거수 일투족을 지켜보았던 로트렉은 자신의 신체적 불구의 고통이 이베트의 노래 속에 그대로 녹아내려 샹송으로 풀려 나오는 것 같았다.

로트렉은 구필화랑에서 첫 개인전을 열 때 이베트를 처음 만났다. 이베트는 작달막한 난장이 모습이 맘에 들지 않았지만 자주 만나다 보니 그를 진심으로 이해하기 시작했다. 한편 로트렉은 이베트의 풍부한 표정에 매료되어 공연 포스트를 그려 주겠다고 자청했다. 그는 「관객에게 답례하는 이베트 길베르」, 「이베트 길베르의 초상」 등 멋진 그림을 그렸다.

로트렉은 이베트를 그리면서 한 번도 예쁜 모습으로 그리지는 않았다. 오죽했으면 이베트가 "제발 나를 추한 모습으로 그리지 말아 줘요."라고 부탁했을까. 만약 로트렉이 이베트를 아름다운 샹송 가수의 모습으로 그렸다면 불멸의 이름은 얻지 못했을 것이다. 이베트는 그림 속의 모습이 마음에 들지 않았지만 로트렉이란 위대한 화가의 예술성에 믿음을 갖고 더이상 불평하지 않았다.

불멸이란 좋은 일 하고 살면서 발자취를 남기는 것이다. 로트렉이 선천적 불구를 비관하면서 손에서 붓을 놓아 버렸다면 어떻게 되었을까. 그는 불멸이란 화두를 가슴에 품고 순간이 영원으로 이어지는 그 길을 절름거리며 걸어가는 순례자다.

연인에게 깊은 상처 심고 도망친

바실리 칸딘스키

•

Wassily Kandinsky

　버킷 리스트에 써둔 '유선여관 일박'은 느닷없이 찾아왔다. 대둔사 입구 너부내 개울가에 있는 그 여관에서 하룻밤 자고 싶었다. 매일신문에 「구활의 풍류산하」를 5년 넘게 연재하던 중에 눈 오는 겨울 하룻밤을 유선여관에 머무는 행운을 잡았다. 그날 내린 눈은 준폭설에 가까웠다. 소나무 가지들이 눈의 무게를 이기지 못하고 꺾어지며 내지르는 소리가 음악처럼 느껴졌다. 현대음악에서 피아노를 때려 부수는 소음처럼 신나게 아름다웠다.

　새우깡 안주로 투명한 소주를 엎드린 채 홀짝거리고 있으니 눈 내리는 밤은 멋진 콘서트홀로 변해가고 있었다. 그때 마침 칸딘스키가 그린 「인상 Ⅲ —콘서트」란 추상화가 내 눈앞에 어른거렸다. 칸딘스키는 친구인 빈 출신 작

가브리엘레 뮌터 **바실리 칸딘스키의 초상**, 1906, 채색 목판화, 25.9×19cm

곡가 아놀드 쇤베르크의 콘서트에서 들었던 음악, 그 소리의 감흥을 캔버스 가득 노랑으로 칠했다. 이날 밤 마음의 귀를 크게 열고 소리의 향연에 취해 있으니 모든 것이 음악이었고 그 음악은 다시 그림으로 바뀌었다.

바실리 칸딘스키(1866. 12. 16. ~ 1944. 12. 13.)는 모스크바에서 태어나 법과 경제를 배워 나이 서른에 교수로 임용되었다. 그러나 그는 그림이 그리고 싶어 모든 것을 포기하고 독일 뮌헨으로 날아갔다. 칸딘스키는 바그너를 좋아했다. 그의 오페라 「로엔그린」을 들으면서 색을 느끼는 공감각을 경험했다. 그 후 그는 음악이 그림이 될 수 있고 그림이 음악이 될 수 있다고 믿었다.

칸딘스키는 모스크바에서 열린 인상주의 전시회에서 클로드 모네의 「건초 더미」라는 그림을 보고 그 자리에서 얼어붙어 버렸다. 이 그림은 점으로 이루어진 것으로 대상이 없었음에도 지울 수 없는 강한 인상을 내뿜고 있었다. 칸딘스키가 이 그림을 보고 추상으로 돌아서는 하나의 계기가 되었다.

어느 저녁 무렵, 자신의 화실에 들어서자 한 번도 본 적 없는 놀라운 그림이 그곳에 있었다. 밝은 주황의 불타는 듯 빛나는 그림이었다. 아무런 대상이 없는 그냥 색채만으로 가득 채워진 캔버스였다. 누구의 그림인지 알 수가 없었다. 가까이 다가가 보니 며칠 전 자신이 그린 그림이 거꾸로 놓여 있었던 것이다. 칸딘스키는 이 그림을 보고 색채만으로도 감정을 전달하는 그림이 된다는 확신을 가지게 됐다.

칸딘스키의 그림에서 음악은 대단히 중요한 요소로 작용하고 있다. 그는 색채로 표현된 음악을 그리려 했다. 음악이 사람들의 가슴속에 꽁꽁 숨어 있는 추억을 불러내듯이 대상이 없는 모호하지만 야릇한 색채들의 조합이 음악처럼 과거의 아름다운 기억을 상기시켜 줄 것이라고 생각했다.

칸딘스키 주변에는 세 사람의 여인이 있었다. 그는 그림 공부를 하기 위해 아내 안나와 함께 뮌헨에서 어렵게 살아갈 때 아내가 온갖 뒷바라지를 했다. 안나는 칸딘스키가 대학에서 강사를 할 때 법률학 수강신청을 한 학생이었다. 그러나 칸딘스키는 안나를 버리고 열한 살 어린 부잣집 딸인 미술학도와 동거를 하게 된다. 그녀의 이름은 가브리에레 뮌터였다. 그녀는 유복한 집안 출신으로 어릴 적부터 여자 미술학교에서 그림 공부를 해 왔기 때문에 스승인 칸딘스키보다 데생 실력은 월등하게 앞서 있었다.

1904년 두 사람은 뮌터의 부모가 마련해준 뮈르나우집에서 10년 동안 함께 살면서 예술적 동지로 호흡을 같이했다. 뮌터는 애기를 갖고 싶단 말은 차마 하지 못하고 포대기에 싼 인형을 안고 있는 자화상을 그려 칸딘스키에게 보여 주었다. 그녀는 1906년 나무로 깎은 목판에 짙은 턱수염과 파이프를 물고 있는 칸딘스키의 초상을 그려 거실 중앙에 걸어 두었다. '모네에게 카미유가 있었고, 로뎅에게 카미유 끌로델이 있었듯이 칸딘스키에겐 뮌터가 있다.'는 암시를 그림으로 표현한 것이다.

그러나 칸딘스키는 뮌터의 속내를 뻔히 알고 있었지만 대답하지 않았다. 그는 뮌터의 초상을 여러 장 그렸으며 소풍 갔을 때의 기억을 살려 두 사람이 누워 있는 풀밭과 뮈르나우집 거실에 앉아 있는 다정한 한때를 화폭에 옮기기도 했다. 뮌터와 동거 중에 그린 그림들은 거실 벽과 그림창고에 차곡차곡 쟁여 두었다. 그러나 예술의 동지가 인생의 동지는 될 수 없었다. 칸딘스키는 뮌터와의 결혼 약속은 지키지 못하고 도망치듯 러시아로 떠나버렸다.

칸딘스키의 줄행랑은 그의 머릿속에 미리 기획되어 있었던 것처럼 작별인사도 없이 빈 몸으로 떠나 다시는 돌아오지 않았다. 나중 그의 소지품과 작품들은 뮌터의 임의대로 미술관에 기증됐다. 고향 러시아로 돌아간 그는 1918년 2월, 만난 지 겨우 두 달 되는 러시아 장군의 딸 니나와 결혼식을 올렸다.

한편 뮌터는 실연의 아픔으로 병을 얻었으며 칸딘스키에게 "단 한 번만 만나 달라."는 편지를 보냈으나 답이 없었다. 그녀는 "잘못을 뉘우친다."는 서류에 서명만 하면 남겨둔 짐과 그림을 보내주겠다고 했으나 거절당했다. 그녀는 자신의 전 재산과 뮈르나우집 그림창고에 처박혀 있는 칸딘스키와 자신이 그린 그림들을 몽땅 시립미술관 렌바흐하우스에 기증했다. 뮌터는 사랑하는 이의 체취가 묻어 있는 집에서 '아침 햇살을 받으며 매일 그대와 눈을 뜨고 싶은' 소박한 소원은 이루지 못하고 85세로 숨을 거뒀다.

뮌터의 편지를 받고 쓴 칸딘스키의 답장을 줄여서 읽어 본다.

나의 가브리엘레 뮌터에게.

36세 유부남 교수로 25세인 어린 제자 당신을 만났어요. 뮈르나우집에서 자전거를 타고 스케치 다닐 때 생각이 나는구려. 엘라(뮌터의 애칭)가 마련해온 경비로 유럽 전역을 돌아다니며 미술관 여행을 할 때 참 즐거웠어요. 그리고 10여 년 동안 함께 살면서 법적 결혼을 하겠단 약속을 지키지 못해 죄송해요. 러시아로 돌아와 니나와 만나자마자 결혼한 걸 어떻게 설명해야 할지 모르겠군요. 엘라가 얼마나 날 기다렸는지를 생각하면 심장이 찢어질 것 같아요. 내 자신이 죽은 사람으로 기억되고 싶을 정도예요. 내가 두고 온 그림들이 미술관에 전시되고 연구용으로 보관되는 역할을 한 당신에게 고맙단 말 전하고 싶어요. 난 니나를 당신보다 더 사랑해서 결혼한 건 아니에요. 당신과 보낸 시절이 내 생애 최고의 시간이었소. 다시는 그 시절처럼 작업할 수는 없을 거요.

– 당신의 칸딘스키가

칸딘스키는 78세 때 동맥경화로 파리에서 사망했다. 아내와 연인을 헌신짝처럼 버린 그가 저승에선 몇 번이나 신발을 바꿔 신고 또 누구와 살고 있는지 정말 궁금하다. 내 개인적 바람은 뮌터와 다시 만나 인형 같은 애기 하나 낳고 그렇게 살고 있었으면….

아모르 파티

폴 세잔 온실에 있는 세잔 부인의 초상,
1891~1892년, 유화, 캔버스에 유채, 73×92 cm

수잔 발라동 **자화상**, 1927년

아모르 파티(Amor fati)
수잔 발라동

●

Suzanne Valadon

    수잔 발라동(1867~1938)은 몽마르트르 주변에 진을 치고 있던 인상파 화가들의 뮤즈이자 모델이었다. 그녀는 세탁부의 사생아로 태어나 자신도 이름도 성도 모르는 떠돌이의 사생아를 낳은 비운의 여인이다. 가난을 넝마처럼 걸치고 다닌 수잔은 열다섯 살이 되기도 전에 웨이트리스, 가정부, 곡예사 등 돈 되는 일이라면 마다않고 뛰어들었다. 서커스 판에서 줄타기를 하다 떨어져 쫓겨나면서 어머니와 함께 파리로 건너왔다.

    그녀는 몽마르트르에 도착한 첫날 화가 르누아르의 눈에 들어 모델 일을 시작하면서 바로 연인이 되었다. 당시 그녀의 나이는 스무 살이 되지 않았는데 르누아르는 무려 스물여섯 살이나 많았다. '라 메종 로즈'라는 곳에 둥지를 틀고 화가들의 공동 연인으로 입지를 굳혀 나갔다. 르누아르 이후에는 로트렉과 잠시 동거를 했으며 그가 수잔이란 예명을 지어 주었다. 클레망틴 발라동이란 본명은 죽을 때까지 사용하지 않았다.

　수잔은 거리를 떠돌던 시절의 매춘부 기억이 추억으로 되살아났는지 거리에서 만난 무명화가와 단꿈 한 번 꾼 것이 인연이 되어 아들을 낳았다. 아들은 여덟 살이 되도록 아비 성씨를 몰라 호적에 이름을 올릴 수 없었다. 수잔은 유명 모델로 이름이 알려졌지만 만족하지 못하고 화가가 되고 싶었다. 그녀는 한때 동거했던 로트렉의 도움과 드가의 추천으로 난관을 뚫고 화가로 데뷔하여 파리 화단을 깜짝 놀라게 했다. 어쩌면 그녀는 거센 물살을 헤치고 폭포를 뛰어넘는 연어를 닮았다고나 할까.

　수잔이 매춘부와 잡역부 그리고 모델을 거쳐 화가로 입신한 배경은 가문이나 재력이 아니라 출중한 인물의 매력과 매춘부 시절에 익혀둔 아모르 파티(Amor fati)를 통한 성性의 적절한 배급 효과가 아니었나 싶다. 그녀는 뇌의 지시가 아닌 가슴이 뛰는 대로 행동했으며 '연애는 필수, 결혼은 선택'이란 행동 강령을 철저하게 지킨 자유부인이었다.

　수잔은 길을 가던 사람과 마주치면 반드시 돌아보는 매력이 넘치는 멋있는 여인이었다. 얼굴은 갸름했으며 커다란 갈색 눈동자는 사람을 빨아들이는 흡인력이 있었다. 거기에다 하얀 피부에 부드러운 목선과 춤추는 듯 흔들거리는 어깨는 그냥 서 있어도 리듬을 타는 것 같았다. 여체의 미학을 추구하면서 누드를 많이 그린 화가들은 한 번쯤 안아 보고 싶은 충동을 일으키는 그런 여인이었다.

화가로 데뷔하면서 수잔의 재능은 빛을 발한다. 모델의 경험을 통해 그림을 그릴 대상이 어떤 포즈를 취해야 할지를 알았으며 어깨너머로 보고 배운 대가들의 붓질 방법을 나름대로 터득하여 자신의 것으로 만들었다. 그녀 스스로 겪어온 여러 직업과 특유의 시선으로 가장 먼저 자신의 삶을 화폭에 옮기기로 작정했다. 수잔은 험한 세파에 맞서 싸워 이겨낸 승전 기록을 캔버스에 압축시켜 강인한 눈빛의 자화상부터 그리기 시작했다.

 수잔의 아들은 애정결핍 속에 어린 시절을 보냈다. 주정뱅이 아버지는 씨만 뿌리고 떠났을 뿐 만난 적이 없었다. 바람둥이 어머니는 외박과 동거는 마음이 내키는 대로, 심지어 결혼까지 남들의 눈치를 보지 않고 재깍 해치웠다.

 수잔은 모델 일을 시작하고 퓌비 샤반느와 르누아르까지 연인으로 지냈으며 유명한 음악가 에릭 사티와도 6개월간 함께 살았다. 아들은 열 살 무렵부터 동네의 나쁜 아이들과 어울려 술을 마시고 온갖 저지레를 저지르고 다녔다. 어머니가 동거인 집에 살 때 양아버지 격인 에릭 사티가 키우던 개를 죽여 상자에 담아 집 앞에 내다 버린 적도 있었다. 어머니의 사랑을 빼앗긴 분노를 저주로 풀었다.

 외로운 음악가 에릭은 수잔과 동거하면서 술집에서 피아노를 연주하여 생활비를 벌었다. 수잔은 잠시 만나 사랑하고 즐긴 예술가들은 수없이 많지만 그들을 진심으로 사랑하지는 않았다. 비교적 늦게 만난 에릭 사티는 오로지 수잔만을 사랑했다. 에릭은 59세 나이에 알코올 중독으로 숨지면서 벨벳 정장 한 벌, 80여 개의 손수건, 한 장의 사진, 27년간 수잔에게 부치지 못한 편지 한 묶음을 남기고 떠났다.

그는 무대에서 춤추는 수잔을 보고 「Je tu venx」(나는 당신을 사랑해)란 곡과 그의 대표곡인 「짐노페디(Gymnopedie)」란 곡을 작곡했다. 이 두 곡은 수잔을 기다리며 슬픔과 그리움, 비통함을 담은 명곡이다. 수잔은 에릭이 죽기 전 그의 초상화를 그린 것이 수잔 기념관에 전시되어 있다.

수잔이 그린 초상화를 A4용지에 옮겨 벽에 핀으로 꽂아놓고 에릭의 피아노곡을 유튜브로 듣고 있으면 아주 멋진 나 혼자만의 작은 음악회가 될 것 같다. 수잔의 거만하지만 아름답고 에릭의 낡았지만 순진한 그들의 음악이 영화 「피아니스트」에서 유태인 청년이 연주한 쇼팽의 「발라드 1번 곡」보다 더 애잔하게 들려 올 것 같다.

수잔은 무지스란 사람과 결혼했다. 아들은 그 남자의 소개로 은행에 취직했으나 술 중독 증세가 심해져 병원에 입원했다. 이때 의사가 약물치료와 병행하여 그림 그리기를 동시에 처방해 주어 어머니인 수잔이 침대 머리맡을 지키며 본격적으로 그림을 가르쳤다. 아들의 음주 습관은 이미 굳어버린 상태여서 하루도 마시지 않고는 견디지 못하는 중독 상태였다.

수잔은 20년 연하인, 아들의 친구인 앙드레 우티를 사랑하여 또다시 결혼까지 하게 된다. 그녀는 본능이 충동질하면 매춘부 시절의 습관이 도져 아무 앞에서나 벗고 또 벗어도 부끄러운 줄 몰랐다. 아들의 입장에서 보면 친한 친구가 어머니의 연인이 되었다가 양아버지가 되는 이런 희극 같은 비극의 굿판을 어떻게 버텨 냈을까. 그 해결 방법이 압생트란 술이 아니었을까.

수잔은 죽기 전 우티와 자신을 모델로 「아담과 이브」란 그림을 그렸다. 사과를 따 먹는 아담은 건장한 체격의 젊은이로 그렸지만 이브는 중년 부인의 모습으로 그리지 않고 그녀의 아름다웠던 젊은 날처럼 젊게 그렸다. 수잔은 "예술은 우리가 증오하는 삶을 영원하게 살게 한다."는 마지막 말을 남기고 아무도 찾는 이 없는 쓸쓸한 방에서 숨을 거뒀다. 1938년 수잔의 장례식은 녹색의 숲에 둘러싸인 생 피에르 교회에서 치러졌다. 매춘부 인생을 살았던 수잔 발라동이 프랑스 예술가협회 회원이 된 것은 기적에 가까운 일이다. 끈질긴 노력의 끝은 곧잘 기적으로 이어진다. 절대로 포기하지 말아야 한다. Never give up! Never, Never give up!

매춘부의 아들, 백색白色화가
모리스 위트릴로

●

Maurice Utrillo

　프랑스 화가 모리스 위트릴로(1883. 12. 26. ~ 1955. 11. 5.)는 매춘부의 아들이다. 아비는 파리 몽마르트르 주변을 떠돌아다닌 주정뱅이 무명화가이다. 어미는 사생아 태생으로 거리의 여인으로 떠돌다 자신도 사생아를 낳은 기구한 운명의 여인이다. 그녀의 이름은 수잔 발라동. 둘 사이에 태어난 아들은 나중 프랑스가 자랑하는 위대한 화가로 성장하게 된다.

　한 송이 국화꽃을 피우는 데도 소쩍새가 울고 천둥이 야단법석을 친다더니 매춘부 몸에서 태어난 화가 한 사람이 성장하기 위해서는 갓난아이 적부터 술을 탄 우유를 마셔야 했다. 그래서 어린 나이에 알코올 중독자가 되었다. 그는 이름은 있어도 성씨가 없는 아이로 자랐다. 그는 어머니가 잘 아는 스페인에서 이민 온 미구엘 위트릴로의 아들로 어렵게 입적시켜 겨우 사람 구실을 할 수 있는 위트릴로라는 성씨를 얻게 됐다.

위트릴로는 인물과 체격이 반듯했다. 어머니는 매춘부였지만 S자 체형에 인물이 출중했다. 얼핏 보아도 매력이 넘쳤고 깊은 갈색 눈동자에는 슬픔을 속으로 삭이는 듯한 우수가 서려 있었다. 이름도 성도 모르는 아비 역시 빈털터리였지만 핸섬 가이였다. 그런 남녀 사이에서 아이가 태어났으니 꽤 그럴싸한 DNA를 타고났나 보다.

수잔은 어린 시절부터 강인했고 항상 자신감에 차 있었다. 온갖 험한 일을 하며 살아왔지만 남들이 부러워하는 서커스 단원이 되었다. 나중에는 용모가 워낙 출중하여 화가들이 탐내는 모델로 데뷔하게 된다. 수잔은 모델로 만족하지 못하고 그림을 그리는 인테리겐치아 그룹의 화가가 되고 싶었다.

그녀는 아들 위트릴로를 빨리 재우고 그림을 그리기 위해 우유에 술을 타서 먹였다. 그녀는 모델로 일할 때 화실에 드나드는 인상파 화가들로부터 데생과 스케치 그리고 채색 방법 등을 곁눈질과 그들의 대화에서 엿들은 것이 크게 도움이 되었다. 수잔은 자화상부터 그리기 시작했다. 당시 화가들의 대부분이 대상을 있는 그대로 아름답게 그리지 않는 것을 모방하여 자신의 얼굴도 변형시켜 그렸다.

그녀는 자신이 세운 목표는 이루고 마는 열정적인 끈질긴 성품이어서 밤잠을 자지 않고 그리기에 매달렸다. 수잔은 화가로 데뷔한 지 그리 오래지 않아 몽마르트르 화가들이 인정하는 반열에 올라섰다. 수잔은 역경을 박차고 일어서는 능력은 탁월했지만 매춘부 시절에 배운 습관이 앙탈을 부리면

참지 못하는 버릇이 있었다. 수잔은 욕망의 그림자가 일렁이기 시작하면 거침없이 달려나갔다. 아들은 함께 살고 있는 친어머니께 맡겼다. 할머니 역시 매춘부 출신으로 그 나물에 그 밥인지라 아이가 잠을 자지 않고 보채면 압생트란 술을 암죽에 섞여 먹이곤 했다.

위트릴로는 알콜리즘을 치료하는 병상에서 어머니에게 그림을 배워 서른 살 때 첫 개인전을 연 화가로 성장했다. 그는 한번 매달리면 끝장을 보는 어머니의 성질을 닮았는지 유일한 희망이자 탈출구인 팔레트와 붓을 놓지 않았다. 그는 몽마르트르 주변을 돌아다니며 말없이 서 있는 흰색 건물과 골목길을 스케치하거나 망막 속에 기억시키기를 좋아했다.

그는 1906년 이태리에서 파리로 건너온 한 살 어린 모딜리아니를 만나 죽이 맞는 술친구가 되었다. 둘은 그림을 싼값에 팔아 그 돈으로 마시고 아무 곳에서나 뻗어버리는 것이 일상이었다. 파리 경찰들은 술 취한 그들을 연행하여 종이와 물감을 주면서 그림을 그리게 하고 훈방 대가로 그걸 챙기기도 했다.

위트릴로의 그림에는 설움과 고독이 묻어 있었다. 유화 물감을 개면서 흐르는 눈물을 함께 풀어 넣었는지도 모른다. 그의 그림은 이름 지울 수 없는 서러운 기운이 잔잔한 에너지로 피어나 보는 이들의 감성을 자극했다. 그것이 화가의 명성을 올려 세우는 촉매제가 되었다.

평론가들이 '백색白色시대'로 규정하는 1908년 무렵부터 그는 몽마르트르의 뒷골목 풍경을 그리면서 늘어선 건물의 색깔을 흰색으로 칠하고 모든 창문을 꽁꽁 걸어 잠갔다. 이것이 위트릴로의 맘속에 숨어 있는 저항과 외로움을 표현하는 방식이었다. 피카소가 자주 출입했고 로트렉의 아지트였던 「라팽 아질」(Le lapin agile)과 「코탱의 골목」 등이 당시에 그린 대표작이다.

"내 작품에선 시든 꽃 내음이 났으면 좋겠다. 황폐해진 사원의 꺼져버린 촛불 냄새가 풍겼으면 좋겠다."

백색 시대 그림들 중에 건물은 물론 심지어 하늘까지 다른 색깔들이 쳐들어오지 못하도록 흰색들이 초병 역할을 하고 있다. 위트릴로는 건물 벽의 흰색 질감을 살리기 위해 크림 빛이 도는 회반죽을 직접 사용하거나 아예 물감에 회분을 섞어 덧칠을 거듭하기도 했다. 이렇게 그린 그림들은 우선 소박해 보였고 우수 깊은 흰색이 적막한 풍경과 쓸쓸한 애상을 은근하게 자아내고 있었다.

브로 화랑에서 첫 개인전이 열렸을 때 비평가들은 흰색 퍼레이드에 찬사를 보냈으며 그 찬사는 바로 명성과 돈으로 연결됐다. 단돈 2프랑짜리 그림들이 수백 프랑으로 뛰어올랐다. 위트릴로는 세 살 적 술버릇은 끊지 못했지만 이 시기에 많은 걸작을 그렸다. 「두유마을의 교회」(Eglise de deuil)라고 부르는 십자가를 머리에 이고 있는 회색 건물을 보면 뭔가 아늑하고 아득하게 보여 천국으로 오르는 사다리가 교회당 안에 있을 것같이 느껴진다.

이어서 다색시대로 접어들면서 위트릴로의 그림은 자신도 모르게 전염된 상업주의에 영혼을 뺏기고 만다. 백색 화가가 추구하던 흰색이 붉고 푸른 광채가 나는 색깔로 바뀌자 평론가들이 돌아앉아 버렸다. 화폭에서도 고독과 눈물의 기억이 떠나버려 겨우 일으켜 세운 명성이 서서히 사그라지기 시작했다. 1938년 어머니 수잔의 장례식이 치러진 녹색의 숲에 둘러싸인 생

모리스 위트릴로 **몽마르트르 풍경**, 1910년, 유화, 73×100cm

피에르 교회 그림도 옛 맛이 사라져 명화의 반열에 끼지 못했다.

"파리를 떠난다면 기념으로 무엇을 가지고 싶은가."란 비평가들의 질문에 "건물 회벽 한 조각을 가지고 가겠다."던 위트릴로의 순수성도 세월과 돈과 명성이 망쳐 놓고 말았다. 진실로 아파 본 자만이 가질 수 있는 그만의 색깔, 우울한 백색의 기억은 한갓 추억으로 남게 됐다.

위트릴로는 늦은 나이에 짝을 만나게 된다. 1935년 그의 그림을 수집해 오던 벨기에 은행가의 미망인 포엘 부인을 만나 신앙심 두터운 가정을 꾸려 아늑하고 포근한 삶을 살게 된다. 위트릴로는 72세 때 프랑스 남서부 다크스에서 숨을 거둔다. 저승으로 올라간 위트릴로는 낯선 남자와 살고 있는 바람쟁이 어머니는 만났겠지만 만난 적 없는 아버지는 얼굴을 모르는데 어찌 만날까.

• 모리스 위트릴로 •

사랑 없이 결혼한
폴 세잔

Paul Cézanne

폴 세잔(1839. 1. 19. ~ 1906. 1. 22.)은 프랑스의 위대한 화가다. 그는 프랑스 남부 엑상프로방스에서 모자 제조업자 아버지 오귀스트 세잔과 가게 점원인 어머니 안느 엘리자베스 오베르와의 정식 결혼 전에 태어난 아이다. 독실한 천주교 가정에서 엄한 아버지의 짙은 그늘 밑에서 한 번도 자신의 주장을 펴지 못한 채 평생 동안 옹졸한 삶을 살았다. 사랑하는 여인과 동거하면서 아버지처럼 혼전 아이까지 낳았으나 가족들에게 알리지 못했다. 아들이 열네 살 되던 해 겨우 아버지의 승낙을 얻어 결혼식을 올린 졸보였다.

졸보 화가 세잔은 아버지와의 관계가 소원했지만 그렇다고 아내 오르탕스 피케를 살뜰히 사랑한 것도 아니다. 그가 서른 살 때 고향에서 지내다가 파리로 돌아올 때 키가 크고 아름다운 열아홉 처녀인 그녀를 만났다. 처음 만나 동거할 때까지는 첫맛에 녹아떨어져 헤어나지 못했다. 그러나 태어나서 가족으로부터 알뜰한 사랑을 받아보지 못한 세잔은 태생적 외로움이란 늪에 갇혀 이성을 사랑하는 방법을 몰랐다.

세잔은 가정이란 단어를 모르고 자란 아이였다. 그는 우울했고 세상을 보는 시선도 서툴렀다. 그래서 그는 늘 혼자 있기를 좋아했고 나서기를 싫어했다. 그는 또래 여자아이들과 대화를 해본 적이 없었으며 별다른 접촉도 없었다. 열여섯 무렵 사춘기로 접어들자 그의 친한 친구인 중학 동기인 소설가 에밀 졸라에게 이런 편지를 보냈다.

"나는 품안의 창녀, 나의 여공, 나의 연인, 나의 처녀를 껴안고 싶었다네. 그녀의 엉덩이를 토닥여 주고 다른 것(?)들도 할 수 있기를."

이 시기에 일어났던 절실한 성적 욕구가 나중「목욕하는 여인들」을 그리게 된 빌미가 되지 않았을까.

그는 어린 처녀들과 만나 함께 즐기면서 노닥거리고 싶었지만 마음뿐, 여성들 앞에선 유난히 수줍음이 많았다. 특히 신체 접촉은 공포를 느낄 정도로 두려워했다. 그는 자신의 전시회장에도 나가길 꺼렸으며 그림을 팔기 위해 화상들을 만나러 다니지 않았다. 세잔은 의심이 많아 아내조차 믿지 않았다. 더욱이 아내는 미술과 문학에 관심이 없어 세잔은 맘속으로 그녀를 무식한 여편네라고 경멸했다. 그녀가 사랑하고 즐긴 것은 가게들이 늘어서 있는 파리 시가지였을 뿐 세잔의 그림에 대한 열정과 그림 자체를 이해하지 못했다.

폴 세잔 **목욕하는 사람들**, 1890년경, 유화, 캔버스에 유채, 60×82 cm

폴 세잔 **목욕하는 사람들(대수욕도)**, 1894~1905년, 유화, 캔버스에 유채, 127×196 cm

세잔은 그림을 배우기 시작한 후배들이 찾아와도 반기지 않았으며 그들과 교류를 하지 않았다. 그는 자연을 바라보고 명상하며 은둔자 같은 혼자만의 삶을 살았다. "나는 가장 완벽한 화가로서 나를 사랑할 뿐"이라면서 그림으로 자신의 감정을 표현하는 데만 정신이 팔려 있었다.

세잔은 부유한 아버지로부터 풍족한 지원을 받지 못했다. 은행가가 되기를 원했던 아버지는 자식이 고달픈 화가의 길을 걷게 되자 생활하기 빠듯한 월 100프랑만 보내주었다. 그 돈으론 모델을 구하기가 어려웠다. 자신은 그림을 팔 능력이 없어 여인의 발가벗은 몸은 한 번도 보지 못하고 상상으로 누드를 그렸다.

그는 그림의 새로운 기법을 배우기 위해 인상파 화가들이 만나는 정기적인 모임에 가입했으나 사교성이 없는 세잔은 그곳에서도 왕따 신세였다. 주변에는 이름이 알려져 있는 인상파 화가들이 많았으나 촌스런 외모와 사투리 그리고 의심 많은 성격 탓으로 어울리지 못했다. 현대사회도 그렇지만 당시의 프랑스 사회도 인맥과 화맥이 구축되지 않으면 실력이 있어도 인정받지 못했다. 그는 독립 화가의 길을 걸으면서 살롱전에 그림을 보냈지만 번번이 낙선의 쓴잔을 마셔야 했다.

세잔은 이러한 역경을 뚫고 열심히 노력하여 화가로서 입지를 굳혀 나갔다. "나는 보이는 대로 그리지 않고 사물의 본질을 화폭에 표현한다."는 새로운 화풍을 천명하면서 사물 본연의 구조를 그려 완벽한 형태를 추구하기 시작했다. 그는 생 빅투아르산만 30번 넘게 그렸으며, 즐겨 그렸던 사과도 썩어 문드러질 때까지 그렸다. 그는 10여 년간 「목욕하는 사람들」을 그렸지만 모델의 벗은 모습을 보고 누드를 그려본 적은 없었다. 내성적인 성격 탓도 있지만 모델을 구할 능력과 돈이 없었기 때문이다.

세잔의 「목욕하는 사람들」은 20세기 현대미술의 시작이자 입체주의 그림의 효시를 알리는 그림이다. 마네, 모네, 드가 등 인상파 화가들이 그린 '풀밭 위 식사'와 같은 그림들은 보이는 것을 그린 것이라면 그 이후의 입체파 화가들은 생각하는 것을 그렸다. 피카소도 「아비뇽의 처녀들」을 그린 후 "나는 보이는 것을 그리지 않고 알고 있는 것을 그린다."는 말도 세잔의 사조에 동조한 것이다. 현대미술은 바로 여기에서 출발한 것으로 보인다.

세잔과 아내 오르탕스는 서로 맞지 않은 상대였다. 그들은 처음 만나 사랑하고 동거하면서 아이를 낳았다. 세잔은 사랑이 식었어도 아이를 사생아로 만들지 않아야 한다는 책임감 때문에 결혼을 한 것이다. 오르탕스는 아내로선 부적격 상대였지만 세잔의 모델로서는 이상적인 여성이었다. 세잔은 성질이 괴팍하여 초상화를 그리는데 전문 모델의 자세를 150번 정도 바꾸도록 요구하는 별난 화가였다.

화가의 그런 요구를 들어줄 모델은 아무도 없었다. 그러나 아내는 불평하지 않고 따라 주었다. 세잔이 그린 아내의 초상은 무려 40여 점이 넘었다. 그중에서도 「붉은 안락의자에 앉아 있는 세잔 부인」이 가장 유명하다. 계란 같은 얼굴 모양에 맑은 눈동자가 돋보이는 명화다. 나머지 초상들은 포즈도 부드럽지 못하고 얼굴이 굳은 것처럼 보여 부부간에 화합하지 못하고 있는 것이 은연중에 드러나고 있다.

세잔은 아버지가 돌아가시고 엄청난 유산을 물려받았지만 주변 인상파 화가들과는 달리 외국 여행은 단 한 번도 가지 않고 고향의 작은 집에 처박혀 온종일 그림만 그렸다. 아내와 아들은 파리에 두고 자신은 홀로 시골에 머물렀다니 요즘 TV에 나오는 「자연에 산다」는 프로그램의 프랑스판 배역이 세잔이 아닌가 싶다.

그가 당뇨병에 걸려 심신이 피로해지자 가족들과의 관계를 회복하기 위해 스위스로 여행을 떠났다. 돌아올 때 아내와 아들은 파리로 보내고 혼자 고향으로 돌아와 또다시 좁은 방에 갇힌 듯 지냈다. 돈이 없어 파리 생활이 힘들어진 가족들이 프로방스로 돌아왔으나 함께 살지는 않았다.

세잔은 1906년 10월 15일 고향의 언덕에 나가 폭풍우 속에서 그림을 그리다 쓰러졌다. 악천후 속에서도 2시간 더 버티다가 돌아가려 했으나 일어나지 못하고 지나가던 마차에 발견되어 겨우 귀가했다. 다음날 그림을 마저 그리기 위해 다시 들판으로 나갔으나 모델의 구조 요청이 없었으면 객사할 뻔했다. 그는 며칠 뒤인 10월 22일 폐렴이 악화되어 숨을 거뒀다. 그는 고향인 엑상프로방스 공동묘지에 묻힌 지 100년이 훨씬 지났지만 생전의 한이 너무 많아 잠들지 못하고 아직도 뒤척이고 있을 것 같다.

꿰미에 굴비처럼 엮인 여인들

파블로 피카소

•

Pablo Picasso

파블로 피카소(1881. 10. 25. ~ 1973. 4. 8.) 이야기는 쓰지 않으려 했다. 이름만 말해도 누구나 알고 있는 화가의 생애를 들춘다는 것이 큰 의미가 없을 것 같았다. 그렇지만 잡탕밥 같은 그의 생애를 속속들이 알고 있는 이들은 그리 많지 않다. 일반적 사항은 뭉뚱그려 생략하고 어릴 적부터 죽을 때까지 만났던 여인들과의 사랑과 치정 이야기를 벽지 바르듯 도배해 보려 한다.

피카소는 스페인 항구도시 말라가에서 태어나 91세에 사망했다. 그의 이력은 이것만 적는다. 여인들의 이야기가 너무 많아 찬란하고 그녀들의 죽음은 너무 슬퍼 아름답다.

1901년 피카소는 바르셀로나 빈민가에 친한 친구 카를로스 끼사 헤마가 사랑하던 창녀를 부둥켜안고 동반 자살한 것을 보고 충격을 받았다. 그때까지 피카소는 사랑을 몰랐지만 죽을 정도로 절실한 것이 사랑인 줄 비로소 깨달았다. 그즈음에 그린 그림들이 친구의 죽음과 연관되는 「인생」, 「친구」, 「연인」 등으로 청색 시대를 대표하는 그림들이다.

피카소의 첫 여인은 23세 동갑내기 페르낭드 올리비에였다. 그가 파리로 이주했을 때 만난 모델로 유부녀였지만 8년간 동거했다. 이 시기에 다섯 명의 바르셀로나 매춘부들이 서 있는 모습인 「아비뇽의 처녀들」을 그린 것이 피카소의 입체파 회화의 시작인 셈이다. 이때부터 그림이 잘 팔리기 시작하여 아파트로 거처를 옮기고 하녀도 거느리게 되었다.

가만히 있을 피카소가 아니었다. 친구의 약혼녀인 에바 구엘(본명 마르셀 험버트)과 사랑에 빠지자 동거녀가 결별을 선언하고 집을 나가 버린다. 평소 병약했던 에바는 동거 3년 만에 결핵으로 사망하자 피카소는 정신적 공황 상태에 빠진다. 이때 그린 그림마다 「내 사랑 에바」란 글귀를 화폭 가장자리에 화제畵題처럼 적기도 했지만, 결핵이 옮을까 봐 그녀를 병상에 홀로 두고 이사를 가버린다. 훌륭한 사람! 피카소는 7세 아래인 가바레스 피나스란 소녀와 만나곤 했는데 이사 동기가 그 아이를 만나기 위함인 듯.

피카소는 36세 때 로마에 갔을 때 러시아 발레단 무용수인 25세인 올가 코클로바를 낚아 올린다. 각기 다른 호텔에서 생활했지만 해만 뜨면 둘은 떨어질 줄 몰랐다. 그는 사티 작곡 음악에 디아길레프가 안무를 맡은 장 콕토의 발레 「퍼레이드」에 무대 미술을 맡고 있었다. 공연이 끝나고 발레단이 남미로 떠날 때 그녀는 따라가지 않고 피카소와 함께 파리로 돌아왔다. 피

파블로 피카소 **아비뇽의 처녀들**, 1907, 캔버스에 유화, 243.9×233.7cm

카소는 늘씬한 몸매에 귀족적 아름다움을 지닌 발레리나 올가를 놓칠 리가 없었다. 공연 중에 그린「암체어에 앉은 올가」란 그림을 보면 피카소가 그녀에게 얼마나 깊이 빠져 있는지를 짐작할 수 있다. 파리로 돌아온 둘은 결혼하여 올가는 첫 부인이 되어 피에르란 아들을 낳았다. 피카소가 40세가 넘어서면서 그가 그린 작품들은 부르는 게 값이었다. 상류사회 생활에 젖은 올가는 사치가 극에 달하면서 피카소와의 사이가 점점 멀어졌다. 결혼 조건으로 피카소의 재산과 그림은 올가와 공동재산으로 등기되어 있었기 때문에 피카소는 죽을 때까지 이혼서류에 사인을 해 주지 않았다.

피카소는 46세 때 17세인 마리 테리즈 월터라는 소녀의 뒤꽁무니를 6개월 동안 쫓아다닌 끝에 작업실로 데려왔다. 그녀를 모델로「거울 앞에 선 처녀」라는 초현실주의 작품을 그렸다. 어떤 모델이라도 이젤 앞에 서면 그걸로 끝이었다. 1년 후인 18세 때 본부인 올가가 살고 있는 뒷집에서 동거에 들어갔다.

피카소에게 창조적 영감을 준 순정이 넘치는 청순한 소녀 마리가 임신했단 소식이 본처에게 알려지자 올가는 아들을 데리고 떠나버렸다. 마리는 모델로서 아주 적격이었는지 피카소는 그녀를 모델로 엄청나게 많은 그림을 그렸다. 마리의 오른쪽 얼굴이 남성의 성기를 닮은「마리 테레즈의 초상」은 경매에서 당시 우리 돈 500억 원을 호가했다. 피카소는 마리를 이용만 하고 딸을 낳아 품에 안고 있는 그녀를 차버렸다. 마리는 피카소를 잊지 못하고 그가 죽은 지 몇 년 후 뒤따라가겠다며 유서를 남기고 목매 자살했다.

피카소는 본처인 올가가 떠나고 마리와 동거 중에 사진작가인 앙리에트

마르코비치(일명 도라)를 친구인 폴 엘리아르의 소개로 만났다. 도라 27세, 피카소 52세였다. 그녀는 피카소가 스페인 내전의 참상을 그린「게르니카」의 작품 과정을 카메라로 찍을 때 눈이 맞았다. 도라는 자존심이 강한 지적인 여성으로 스페인어를 유창하게 구사했으며 현대미술에 심취해 있던 여성이었다.

피카소가 1941년 스페인 내전 당시에 그린「울고 있는 여인 도라 마르」란 작품은 2006년 3월 소더비 경매에서 9520만 달러(한화 895억 원)에 낙찰됐다. 마리와 도라가 서로 머리채를 잡고 싸울 적에 피카소는 재미있다며 손뼉을 치며 웃고 있었다. 도라 역시 자살로 생을 끝냈다. 그녀는 죽을 때도 피카소가 그려준 자신의 자화상을 안고 있었다.

피카소는 61세 때 40년 아래인 21세인 프랑스와즈 질로를 만났다. 미술학도인 그녀는 부모 반대를 무릅쓰고 가출하여 피카소의 작업실에서 함께 살았다. 독립심이 강한 완벽주의자로 동거 10년 동안 아들 클로드와 딸 팔로마를 낳았다. 피카소는 귀엽게 자라는 아이들을 많이 그렸지만 그런 와중에도 프랑스와즈의 친구와 바람을 피웠다. 몹시 화가 난 그녀는 피카소 여자로는 처음으로 그를 버리기로 작정하고 아이들을 데리고 미국으로 떠났다. 피카소는 "너가 떠나면 자살하겠다."고 엄포를 놓았으나 미국에서 소아마비 백신을 개발한 의사와 결혼했다. 그녀는 법적 결혼을 하지 않았으나 소송을 통해 아이들을 피카소 호적에 올리고 어마어마한 유산을 받아냈다.

프랑스와즈의 친구인 라포르트 주느비에브는 학생 기자 시절에 피카소를 만나 인터뷰한 것을 인연으로 프랑스와즈가 떠나버린 빈자리를 차지하여 3

파블로 피카소 **마리 테레즈 발테르의 초상**, 1937년, 유화, 캔버스에 유채, 100×81cm

년 동안 동거했다. 피카소는 그땐 스케치만 했었는데 라포르트는 동거할 때 비밀스레 모아둔 20여 장의 스케치 작품을 만년에 처분하여 25억 정도를 챙겼다.

재클린 로커는 27세 때 72세인 피카소를 만나 결혼하여 공식적인 두 번째 부인이 되었다. 이 무렵 첫 부인인 올가가 암으로 사망하자 피카소는 재산 공유란 올가미에서 풀려났다. 재클린은 피카소가 92세로 사망할 때까지 20년을 함께 살았다. 이혼 경력이 있는 그녀는 커다란 짙은 눈망울의 지중해풍의 멋있는 여성이었다. 젊은 시절부터 힘을 너무 뺀 피카소는 일흔 줄을 넘기면서 바람기는 약간 숙지는 듯했지만 제 버릇 개 못 준다는 말이 있듯이 예쁜 어린 여자만 보면 침을 질질 흘리며 꼬리를 흔들었다.

재클린은 피카소에게 헌신적이고 절대적인 사랑을 바치며 항상 '나의 주인님'이라고 불렀다. 주변에서 "젊은 여인이 맥 빠진 여든 노인과 어떻게 살 수 있느냐."고 비아냥거리면 "나는 세상에서 가장 아름다운 청년과 함께 살아요. 오히려 내가 늙은이지요."라고 말했다.

올가가 낳은 아들 파울로는 1986년 마드리드 전시를 앞두고 약물중독으로 숨졌다. 또 손자 파블리토는 피카소의 장례식에 참석하러 왔으나 재클린이 완강하게 거부하자 음독자살로 생을 끝냈다. 재클린은 피카소가 죽은 지 13년 후 남편의 생일날 그의 무덤 앞에서 권총 자살로 이승의 삶을 끝냈다. 피카소가 거느린 인연들은 대부분 불운한 종말을 맞았다. 지은 죗값 탓이 아닌가 싶다. 평자들은 생애 내내 암색 낸 암캐들의 뒤꽁무니 냄새만 맡고 다닌 피카소에게 '예술과 불륜은 별개'라는 등식으로 위대한 예술가를 옹호하고 있다. 그의 예술은 거룩하고 찬연하지만 그의 행동은 불결 난잡하다. 피카소는 "삶의 목적은 자신이 발견한 재능으로 누군가의 삶이 더 나아지도록 돕는 것"(The purpose of life is to give it away.)이라고 말한 적이 있다. 진심으로 지껄인 말일까. 겉 다르고 속 다른 거짓말은 권력을 쥔 정치인들의 단골 메뉴인데, 피카소도 정치인인가.

    그건 그렇다 치고, 재클린은 무사히 저승에 올라갔겠지만 먼저 도착한 올가, 마리, 도라 등 수많은 성님들(?) 사이에서 설 자리나 제대로 찾았는지 그게 궁금하다.

피카소가 그림을 사준 늙은 화가

앙리 루소

Henri Rousseau

  앙리 루소(1844. 5. 21. ~ 1910. 9. 2.)는 그림을 배운 적 없고 어느 유파에도 속한 적 없는 제멋대로 화가다. 프랑스 라발에서 가난한 양철장이의 아들로 태어나 길가에서 통행세를 받는 말단 세관원으로 22년 일했다. 그는 그림이 그리고 싶어 일요일마다 화구를 들고 산천으로 나가는 '일요화가'였다. 일요화가란 말이 없을 때 그런 칭호를 얻었으니 훗날 김종필과 같은 일요화가들이 루소의 후학이 되는 셈이다.

  루소는 어릴 적 학업 성적이 시원찮아 두 번이나 유급을 했으며 돈 많은 아버지를 만나지 못한 탓에 고등학교를 졸업하지 못했다. 변호사 사무실의 사환으로 근무한 게 이력의 전부다. 배운 게 없으니 그림이 제대로 그려질

리가 없었다. 아무렇게나 흔드는 춤이 벌춤이며 법도를 익히지 않고 마시는 술을 벌술이라 하듯이 그는 비례와 배색이 맞지 않는 그림을 그리는 벌화가였다.

그래도 항상 자신감이 넘쳤으며 많은 재능을 가지고 있었다. 스무 살에 군에 입대하여 군악대에서 클라리넷을 불었으며 「클라망스」란 곡과 「바이올린과 만돌린을 위한 왈츠」를 작곡한 음악가였다. 이 곡으로 '프랑스 아카데미상'을 수상하고 베토벤 홀에서 바이올린으로 자작곡을 연주한 공연가로 이름을 올린 엔터테이너였다.

변호사 사무실에서 일할 때 우표와 돈을 훔친 죄로 짧은 기간 감방에 들어갔으나 군 입대를 조건으로 감형 처분을 받아 감옥살이를 가까스로 면했다. 또 은행 직원인 친구의 꾐에 빠져 가명계좌 통장을 만든 사기죄로 감옥에 갔으나 벌금을 물고 겨우 풀려났다. 또 상상화인 정글 그림을 그리고는 아프리카를 다녀왔다고 풍을 치고 다녔으며 군악대에서 클라리넷만 불다 제대하고선 전쟁터에서 싸운 전쟁 영웅이라며 아름다운 거짓말을 곧잘 지껄였다.

루소는 25세 때 15세인 클라망스 부아타르란 아가씨와 결혼했다. 모르긴 해도 그 아가씨를 꼬실 때도 그동안 갈고 닦은 허풍이 작용하지 않았나 싶다. 그는 7명의 아이를 낳았지만 5명이 일찍 죽었다. 아내도 37세란 젊은 나이에 루소 곁을 떠났으며 딸 줄리아만 유일하게 아버지보다 오래 살았다.

루소는 11년 동안 독신으로 지내다가 조세핀이란 미망인을 만나 두 번째 아내로 들였다. 그러나 조세핀마저 결혼 4년 뒤 저승으로 떠나버린 지지리도 복이 없는 홀아비였다. 그는 팔레트 뒷면에 두 여인의 이름을 쓰고 세상을 떠난 첫째를 추모했으며 둘째는 오래 살 수 있도록 건강을 빌었다. 루소는 남들보다 많은 재능을 타고났지만 그 재능을 이용하여 돈을 만드는 재주는 없었다.

그는 만년에 54세 여인을 짝사랑한 적이 있었다. 부모를 찾아가 딸을 달라고 간청했으나 늙고 가난한 환쟁이 홀아비에겐 줄 수 없다고 거절당했다. 루소는 화상 볼라르를 찾아가 '화가로서 성공할 수 있다.'는 보증서를 만들어 다시 찾아갔으나 거들떠보지도 않았다. 그는 좀스러운 구석이 많은 좀팽이였다.

젊은 시절 루소는 구도와 비례에 맞지 않는 그림을 그리다 보니 비평가들로부터 비난과 조롱만 당했다. 그는 어떤 어려운 일을 당해도 꿋꿋하게 견뎌냈으며 부끄럼을 모르고 정면 돌파로 모든 것을 해결하려 했다. 그는 이름난 화가들이 경쟁하는 살롱전엔 참가할 엄두는 못 냈지만 약간의 참가비만 내면 출품 자격을 얻는 앙데팡당전과 낙선자전엔 꾸준하게 작품을 냈다. 루소는 누가 뭐라든 간에 어린아이 그림 같은 단순 소박한 그림만을 고집했다. 작품을 전시회에 내놓아도 사가는 사람은 아무도 없었다. 미늘 없는 낚싯대로 고기를 잡는 낚시꾼의 빈 망태 꼴이었다.

루소에게 드디어 기회가 찾아왔다. 그가 그린 「아내의 초상」이란 대형 작품이 어쩌다 고물상으로 흘러간 것을 피카소가 단돈 5프랑에 산 것이다. 비평가들로부터 '늙은 아이' 또는 '어린아이와 같은 현자'라는 소리를 들었던 세련되지 못하고 유치찬란한 루소의 그림들이 서서히 인정받기 시작한 것이다.

피카소는 아이가 그린 듯한 그림을 산 후 깊은 감동을 받아 자신의 아틀리에인 '세탁선'에 여러 예술가들을 초청하여 늙은 화가를 위한 '루소의 밤'이란 파티를 열었다. 29세인 피카소와 65세인 루소의 이날 밤 만남은 프랑스 예술가들을 확 뒤집어 놓았다. 피카소는 루소가 앉을 자리를 왕좌처럼 꾸몄으며 '예순을 넘은 화가가 젊은 화가들과는 전혀 다른 단순 소박한 원시적인 그림을 그린다는 것은 기적에 가깝다.'는 말로 칭송했다. 「미라보 다리」의 시인 기욤 아폴리네르는 즉흥시 한 편을 써서 헌정하자 루소는 감동하여 눈물을 흘렸다.

모인 화가들의 얼굴에 술기가 오르고 파티가 절정에 이르자 루소는 일어서서 "피카소 당신과 나는 가장 위대한 화가요, 당신은 이집트 풍으로, 나는 모던 풍으로 최고지요."라면서 피카소와 함께 자신을 치켜세웠다. 루소는 들고 온 자그마한 바이올린으로 자작곡 「구로셋」과 첫 부인의 이름을 딴 「클레망스」란 곡을 연주했다.

아주 소박한 파티였지만 호스트로 나선 피카소와 당대 최고 시인인 아폴리네르가 루소에 대한 칭송을 아끼지 않자 다른 화가들도 대체로 수긍하는 눈치였다. 이날 참석한 화가들은 대상을 단순화하고 평면화한 것을 한 장의 화면에 응축시키는 작업이 입체파 화가인 피카소가 여태 추구해온 것인데 그걸 루소는 이미 알고 실천하고 있다는 사실에 깜짝 놀랐다.

루소의 아무렇게나 마음 내키는 대로 그리는 그림들이 입체파 화가들에게 영향을 주었다. 루소의 꿈과 현실이 적절하게 섞여 있는 그림 중에서

앙리 루소 **여인의 초상**, 1895년, 유화, 캔버스에 유채, 160×105 cm

「꿈」이란 작품은 걸작으로 평가되고 있다. 종전까지만 해도 루소의 그림은 캔버스 재활용품으로 헐값에 팔렸을 뿐인데 피카소가 루소의 그림을 탐을 내자 화가들도 보는 눈이 달라졌다. 피카소는 자기 그림이 팔릴 때마다 루소의 그림을 제값을 주고 사갔다.

오래전부터 친하게 지내온 아폴리네르는 가난하게 살고 있는 루소의 생계에 도움을 주기 위해 그의 연인인 화가 마리 로랑생과의 커플 초상화를 그려 달라고 부탁했다. 시인은 그림값으로 5만 프랑을 지불했으며 루소는 피부의 색깔과 얼굴의 길이까지 실측해 갔지만 전혀 닮지 않은 제멋대로 그린 그림이어서 로랑생의 입을 삐죽거리게 만들었다. 이 초상화의 제목은 「시인에게 영감을 주는 뮤즈」(1909년)였다.

루소의 그림은 사망하기 전 아주 짧은 기간 동안에 비평가와 큐비즘 화가들에게 인정을 받기 시작했으나 그의 실질적인 평가는 사후에 이뤄졌다. 그는 66세 때인 1910년 발에 생긴 급성 화농성 염증이 심해져 파리 자선병원에서 숨을 거뒀다. 장례식엔 일곱 명이 참석했다. 아폴리네르가 묘비에 들어갈 추도사를 썼으며 조각가 브랑쿠시와 오르티스 자라테가 그 글을 비석에 새겼다. 루소는 비난과 조롱의 일생을 살았지만 파리 오르세미술관, 바젤미술관, 뉴욕 근대미술관 등에 걸려 있는 그의 명작들은 찬사와 경탄 속에 오늘을 살고 있다.

여인의 누드만 그린 야수파 화가

키스 반 동겐

●

Kees Van Dongen

키스 반 동겐(1877. 1. 26. ~ 1968. 5. 28.)은 네덜란드 출신 프랑스 화가다. 그는 가난한 선원 집안에서 태어나 이렇다 할 교육을 받지 못하고 어릴 적부터 그림을 그리기 시작했다. 야간 과정에 등록하여 그림을 배웠으며 낮 시간에는 부둣가의 선원들과 선창가에서 손님을 낚으려는 창녀들을 스케치하며 하루를 보냈다. 틀에 박힌 미술 공부에 싫증을 느끼고 자신의 기질에 맞는 개성적인 그림을 신나게 그렸다.

고향인 로테르담 미술 아카데미에서 그림 공부를 대충 끝내고 파리로 진출했다. 파리 생활도 궁핍하기는 마찬가지였다. 간판에 그림을 그리고, 잡지에 삽화를 그리거나 신문 배달을 하면서 근근이 생계를 꾸려나갔다. 그러나 그의 태생적 보헤미안적 기질은 원색적 관능미와 몽마르트의 퇴폐적 분위기에 빨려들어 갈 수밖에 없었다. 앙리 마티스가 끌고 가는 야수파에 매력을 느껴 원색 조의 화풍과 힘찬 터치로 자신도 모르는 사이에 야수파 화가로 입문하여 입지를 굳히게 되었다.

평자들은 "마티스가 야수파의 심장이라면 반 동겐은 야수파의 눈동자"란 찬사를 받기에 이르렀다. 야수파는 프랑스에서 시작된 회화운동으로 오로지 색채에 주력하는 자연 발생적 미술운동이다. 특징은 현실을 거부하는 색상, 거칠고 통제할 수 없는 비자연적인 색깔로 야생의 짐승들이 뛰놀듯 황칠하듯 그림을 그리는 것이다.

야수파 그림은 하늘이 온통 붉을 때도 있고 여인의 맑은 얼굴을 파랗게 칠하는 경우도 있었다. 이 운동에는 마티스를 선두로 블라맹크, 드랭, 루오, 망강, 뒤피 등이 참여했다. 이들은 화려한 색채의 도발적인 그림을 그려 살롱 드 톤느에 대거 출품을 하자 비평가 루이 보셀이 '야수 같은 그림'이라고 평한 것을 시작으로 이런 화풍의 예술가들을 야수파 화가라고 불렀다.

반 동겐은 파리에 첫발을 디뎠을 땐 인상주의 화가들이 판을 치고 있던 시기였다. 그는 처음에는 인상파 방식으로 작업을 했으나 얼마 가지 않아 색채 위주의 대담한 방식으로 선회하여 야수파 주류의 대열에 동참하게 됐다. 그는 파리에 입성한 지 4년 만인 1904년 앙브루아즈 볼라르 화랑에서 100여 점의 작품으로 첫 전시회를 열었다. 이듬해에는 앙리 미티스와 앙드레 드랭 등과 함께 살롱 드 톤느에 참여했다. 반 동겐은 살롱 드 톤느에 강렬하면서도 관능미가 넘치는「팜므 파탈」(선정적 미모로 남자를 유혹하여 파멸

키스 반 동겐 **천사장의 탱고**, 352×375 cm

시키는 여인)을 출품하여 야수파 그림의 전형이란 찬사를 받았다.

그는 어릴 적 선창가 주변을 떠도는 매춘부들을 스케치하던 기억을 되살려 파리의 서커스와 카바레 등 유흥업소에 종사하는 여인들의 누드를 즐겨 그렸다. 또 몽마르트르의 감성적이면서도 묘한 매력이 풍기는 밤 풍경을 화폭에 옮겨 사교계의 호응을 얻었다. 특히 그가 그리는 관능미가 넘치는 인물 표현은 남자들보다 오히려 여성들이 더 좋아하여 많은 여성들이 모델이 되기를 희망했으며 파리 사교계의 이름난 초상화가로 알려졌다.

그는 1906년 피카소가 살고 있는 이웃으로 거처를 옮겨 피카소를 비롯한 많은 화가와 시인 그리고 음악가들과 친분을 맺었다. 이때 피카소의 연인인 모델 출신 23세인 페르낭드 올리비에의 초상을 그렸다. 반 동겐은 지인들의 예술적 토양과 좋은 환경에서 얻어지는 영감을 기반으로 자신이 가지고 있는 보헤미안적 기질을 화폭 속에 퍼 담았다. 그는 1907년 피카소의 그림 판매인인 다니엘 헨리 칸바일러와 계약을 맺고 그림을 위탁 판매하자 그의 명성이 높아지기 시작했다.

1908년에는 본거지를 드리스덴에 두고 있던 독일 표현주의 그룹 다리파에 참여해 달라는 초대를 받기도 했다. 그의 솔직하면서 화려한 색채 효과는 1차 세계대전 말기에 유럽에서 선풍적인 인기를 끌었다. 반 동겐의 그림에는 병적인 묘한 아름다움과 타락을 부추기는 퇴폐적인 충동이 섞여 있었으나 그것이 오히려 상류사회의 호평을 얻어 저명인사 부인들과 여배우들의 초상화를 많이 그리게 된 동기가 되었다.

반 동겐이 1930년 「천사장의 탱고」라는 그림을 발표한 후 그의 인기는 다

락같이 치솟았다. 턱시도를 입고 등에 날개를 단 천사가 나체의 여인과 춤을 추는 그림이다. 여인의 다리 사이로 천사의 다리가 깊숙이 들어가 있고 여인은 천사의 품을 파고드는 육감적인 장면이다. 천사의 숭고함이 퇴폐의 극치를 이루고 있다. 천사는 신의 메시지를 전해야 하는 본연의 임무를 포기하고 육체가 만족하는 오르가슴을 전하는 난봉꾼으로 변해 있었다.

파리의 무희와 가수는 물론 귀족의 부인과 돈깨나 있는 아녀자들까지 반 동겐의 눈에 들어 초상화의 모델이 되기를 소원하고 있었다. 여인들은 반 동겐 앞에선 홀딱 벗고 누드모델이 되는 것을 부끄러워하지 않았다. 그것은 마치「키스」라는 명화를 그린 오스트리아 화가인 클림트의 모델이 되기를 자청하고 나선 귀족 부인들의 행태와 사뭇 닮아있다. 클림트는 누드모델이 된 여인들을 그냥 돌려보낸 적은 없으며 반드시 육체의 깊숙한 곳에 뭉뚝한 육필로 점을 찍어 보냈다고 한다.

후세에 전해 내려온 기록과 증언이 없어 반 동겐의 숨은 행실이 구체적으로 드러난 것은 별로 없다. 꽃미남 같은 외모를 가진 프랑스 최고의 초상화가 앞에서 누드로 포즈를 취했던 수많은 귀부인과 많은 여인들이 입맛만 다시고 빈 몸으로 돌아서지는 않았을 것이란 짐작이 머릿속에 계속 맴돌고 있다. 반 동겐이 화폭에 그린 여인들은 모습이 야릇하거나 욕망을 품은 젖은 눈빛, 입술을 꾹 다문 집착하는 표정, 환희에 차 있거나 아름다운 일을 끝낸 후의 달뜬 모습들이 그대로 표현되어 있다. 이런 표정들은 일반적인 사회생활 속에선 찾을 수가 없는 쾌락과 광란과 퇴폐가 버물려져 있는 짬뽕 같다고나 할까.

1차 세계대전의 승전국인 프랑스는 활기가 과도하게 넘쳐 요조숙녀란 말을 부끄러워하는 세상으로 바뀌어 있었다. 반 동겐은 백작부인의 후원으로 파리의 사교계를 접수한 후 상류층 귀부인들을 상대하다 보니 그녀들도 화류계 여성들과 생각이나 행동이 크게 다르지 않다고 느꼈다. 그는 귀부인들의 졸라맨 코르셋 속에 숨어있는 타락의 그림자와 퇴폐의 면모를 남 먼저 알아차리고 거친 붓질의 표현주의 기법으로 가감 없이 화폭에 담아냈다.

반 동겐이 어릴 적 선창가 주변에서 그린 창녀들의 모습은 원초적 퇴폐미학이었다면 파리에서 발견한 상류층 부인들의 모습과 행동은 진화된 귀족적 퇴폐미학이라 부를 수 있겠다.

눈 감아도 떠오르는 연인의 초상
오스카 코코슈카

●

Oskar Kokoschka

화가들이 어떤 연인들을 만나 사랑하고 그리워하며 때론 미워하면서 생애를 보냈는지를 들춰보면 재미있을 것 같다. 오스트리아 출신 오스카 코코슈카(1886. 3. 1. ~ 1980. 2. 22.)란 패를 뽑아보니 화가로서의 삶이 격정적이고 드라마틱하여 글감으론 아주 멋진 구석이 많았다.

코코슈카를 주연으로 이야기를 풀어보려 하니 이건 기둥이 아니라 서까래 감으로도 밀리는 기분이 들었다. 그의 연인, 즉 죽을 때까지 못 잊어하던 그 여인이 주인공 자리를 꿰차고 숱한 예술가들을 데리고 놀던 이야기로 바꿀 수밖에 없었다. 조연 배우가 주연 배우를 제치고 오스카상을 탄 이야기를 지금부터 시작하려 한다.

그녀는 오스트리아 화가 에밀 자콥 쉰들러의 딸로 1879년에 태어났다. 이름은 알마 쉰들러로 '빈의 아름다운 꽃'이라 불릴 만큼 예뻤고 그림 그리는 재주도 뛰어났다. 소프라노 가수였던 어머니 덕에 음악에도 재능이 많았다. 그것보다는 타고난 미모가 워낙 출중하여 빈 시내 예술가들은 알마를 한번 쳐다보기만 해도 갈 길을 잃어버리고 허둥대기도 했다.

알마는 22세 때 집으로 자주 찾아오는 작곡가 구스타프 말러와 얼굴을 본지 4개월 만에 20년 나이 차를 극복하고 결혼하게 된다. 그녀는 타고난 바람쟁이였다. 결혼 전에 작곡을 배우던 알렉산더 쳄린스키와 공연 감독 막스 부어 카르트와도 염문을 뿌리고 다닌 적이 있다.

"쉽게 온 것은 쉽게 가고, 무겁게 오는 것은 무겁게 간다."(Easy come easy go, heavly come heavly go.)는 속담이 있듯이 알마의 권태는 빨리 찾아왔다. 두 딸 중에 첫딸이 죽자 알마는 우울증에 걸렸다. 알마의 특기는 정신이 황폐해질 때 새로운 남자를 찾는 것이다. 그녀는 바우하우스를 창설한 건축가 발터 그로피우스를 만나 연애를 시작했다.

남편 말러는 아내의 방황을 눈치채고 마음을 돌리기 위해 '8번 교향곡'인 「천인 교향곡」을 작곡하여 알마에게 바치기도 하고 아내에게 사랑을 고백하는 「6번 교양곡」과 「10번 교양곡」을 작곡하기도 했다. 사랑에 빠진 알마의 귀에는 교향곡이 들릴 리가 없고 '사랑의 세레나데'만 귓가를 맴돌았다.

남편은 '사랑의 묘약'은 음악이 아니라 영육이 뒤섞인 '사랑'이란 걸 너무 늦게 깨달았다. 그는 죽을 나이가 아닌 오십 초반에 허파가 뒤집어져 숨지고 말았다. 그들은 쉽게 결혼하고 너무 쉽게 헤어졌다. 두 번째 남편이 된 그로피우스는 해외 출장이 잦은 데다 태어난 아들의 진짜 아버지가 누구인가란 논란에 휘말려 결혼생활이 오래 지속되지 못했다.

알마는 유명한 「키스」의 화가 구스타프 클림트에게 미술 수업을 받은 적이 있다. 알마가 그 작품의 모델이란 소문이 파다하게 돌았다. 입이 무겁기로 유명한 클림트는 자기를 거쳐 간 여인이 누군지를 평생 동안 발설하지 않았다. 클림트의 누드모델이 되기 위해 찾아온 여인들은 귀족 부인을 비롯해서 수도 없이 많았다. 그는 모델을 그냥 빈 몸으로 돌려보낸 적은 단 한 번도 없었다고 전해지고 있다.

클림트가 사망한 뒤 그의 아이를 낳은 14명의 여인이 유산을 챙기기 위해 소송을 제기했으나 그중 단 한 여인만 생모로 인정받았다고 한다. 만약 「키스」란 작품의 실제 모델이 알마였다면 희대의 바람둥이가 지상 최대의 명작을 성공적으로 그리게 해준 그녀를 성한 몸으로 돌려보냈을까. 「키스」의 모델이 누구인지는 지금도 추측만 무성하다. 클림트 남동생 아내의 여동생인 사돈처녀인 에밀리가 처녀의 몸으로 클림트의 임종을 지킨 것으로 보아 주변 화가들이 그녀를 지목하지만 그것조차 불확실하다.

이 글의 주연에서 조연으로 추락한 코코슈카는 클림트의 제자로 빈 분리파에 가담하여 귀족들의 초상화를 그리는 화가였다. 그는 분리파 모임에서 기막히게 예쁜 알마를 운명처럼 만났다. 26세 코코슈카는 7세 연상인 알마를 보는 순간 미치고 환장할 정도로 빠져들었다. 가만히 보고만 있을 알마는 아니었다. 환장에 화답하듯 미친 듯이 빨려 들어가 2년 동안 함께 살았다.

코코슈카는 동거기간 중에 이틀에 한 번꼴로 400여 통의 연서를 보냈다.

그는 알마가 떠날 것이란 자신이 건 막연한 최면에 시달리며 정신적 불안 증세를 보이기도 했다. 천성이 자유인으로 태어난 알마는 첫 결혼이 행복하지 못해 실패한 원인이 떠오를 때마다 코코슈카의 터무니없는 집착을 부담스러워했다. 그녀는 코코슈카의 결혼하자는 제안을 피하기 위해 "걸작을 그리면 결혼하겠다."며 둘러댔지만 그것도 뿌리치기엔 모자라는 대답이었다.

코코슈카는 알마의 요구대로 「폭풍우—바람의 신부」라는 그림을 그리기 시작한다. 그 그림은 소용돌이치는 거친 바다 배경 위에 누워있는 두 사람을 그린 명화다. 알마는 편안한 상태로 잠들어 있고 코코슈카는 행여 떠나버릴까 봐 반나체인 그녀를 끌어안고 있는 불안한 상태를 그대로 표출시킨 그림이다.

"그림이 곧 완성되오. 폭풍에 휘날리는 휘장 끝자락에 서로 손을 잡고 누워있는 우리의 표정은 힘차고 차분하오. 우리의 굳센 맹세의 의미를 다시 절감했소. 한 인간의 절대적인 신뢰감이 서로를 안전하게 보호한다고 믿고 있어요." 코코슈카가 바람의 신부를 그릴 때 알마에게 보낸 편지 내용이다.

이러다간 코코슈카의 지독한 사랑에서 벗어날 수 없다고 판단한 알마는 열한 살 아래인 시인이자 소설가인 오스트리아 출신 프란츠 베르펠과 동거 끝에 결혼해 버린다. 알마를 잃은 코코슈카는 1차 세계대전 와중에 군에 입대하여 육군 장교로 근무하다 머리에 총상을 입고 전역한다.

그는 육체적 아픔과 정신적 고통 속에서도 알마를 잊지 못하고 그녀와 빼닮은 인형을 주문 제작하여 함께 생활한다. 인형의 이름을 '홀다'로 지어 침대에서 함께 자며 오페라 구경도 홀다의 자리까지 예약할 정도로 사랑에 미

오스카 코코슈카 **바람의 신부**, 캔버스에 유채, 1913~14년, 181×221cm

친 사람이 되었다.

　세월이 흘러 알마가 70세 생일에 코코슈카는 긴 편지를 보낸다. "사랑하는 나의 알마. 당신은 아직도 나의 길들지 않은 야생동물이오. 우리가 함께 무엇을 했으며 서로에게 어떤 상처를 주었는지. 후세에 우리들의 살아있는 사랑을 전할 수 있도록 이야기를 전해줘요. 코코슈카의 가슴은 당신을 용서하기에. 당신의 오스카가 보내오."

　유태인 부부인 알마와 세 번째 남편은 나치의 박해를 피해 유럽 각지를 전전하다 미국에서 여생을 보냈다. 알마는 고향을 그리워하는 디아스포라로 살다 85세로 세상을 떠났으며 코코슈카는 알마보다 16년을 더 살다 이승을 하직했다. 알마의 열정적인 삶과 코코슈카의 지고지순한 사랑은 무덤 속에 묻히지 못하고 아직도 허공을 떠돌고 있다. 주연이 조연으로 바뀐 아름다운 사랑 이야기는 여기서 FINE.

샤갈의 마을에 내리는 눈
마르크 샤갈

Marc Chagall

　프랑스 화가 마르크 샤갈(1887. 7. 7. ~ 1985. 3. 28.)은 멋진 사내다. 그가 사랑했던 아내와 연인들은 화가의 매력에 걸맞게 어울리는 멋쟁이들이다. 샤갈은 현실 밖의 세계를 지향하면서 꿈속에서도 꿈을 꾸는 화가다. 그가 추구하는 색채와 화풍은 환상과 상징 그리고 한마디로 '천사의 세계'라고 응축할 수 있다. 그는 수평선 너머(Beyond the horizon)의 이상향을 꿈꾸며 그걸 그림으로 그렸다. 피카소가 "그의 머릿속엔 천사를 가지고 있어."라고 말했다시피 샤갈은 날아다니는 천사 그림을 자주 그렸다.
　첫 여인은 벨라 로젠펠트(1895~1944). 그녀는 러시아 비테프스크에서 보석상을 하는 부유한 유태인 가정의 막내딸로 태어났다. 그녀는 배우가 되려

했으나 스무 살 때 여덟 살 많은 샤갈과 연애를 하느라 꿈을 버려야 했다. 샤갈은 생선가게를 하는 러시아의 가난한 9남매 장남이었다. 둘은 벨라의 여자 친구인 테아의 집에서 우연히 만나 사랑에 빠졌다. 샤갈은 "그녀가 나의 아내가 될 것을 만나는 순간에 알았다."고 했다. 그것은 "사랑은 눈眼으로 오고 술은 입으로 오네"(Love comes in at the eye, Wine comes in at the mouth.)라는 페르시아 시인 하이얌의 시 루바이야트에 나오는 명문장이 샤갈에게 딱 맞아떨어지는 표현이다.

  결혼하기 전 샤갈은 운 좋게 후원자를 만나 파리로 진출했다. 그곳에서 목을 길쭉하게 그리는 모딜리아니, 아키펜코, 레제 그리고 「미라보 다리」란 명시를 쓴 기욤 아폴리네르 등과 교우하면서 예술의 도시 파리의 달착지근한 맛에 길들게 된다. 그는 "예술의 태양은 파리에서만 빛나고 있다."면서 이곳의 빛이 대지를 비추어주는 색깔에 홀딱 반해 고향을 버리고 파리에서의 정착을 꿈꾸게 된다. 그러나 운명은 마음먹은 대로 호락호락하지 않았다. 여동생의 결혼잔치 참석과 벨라와의 만남을 고대하면서 고향으로 돌아가지만 국경이 봉쇄되어 파리로 돌아갈 수 없었다.

  고향에 머물면서 꿈에도 못 잊을 벨라와 결혼하여 모국어로 사랑을 속삭이니 이게 천국인가 싶었다. 그러나 무턱대고 시골구석에 처박혀 있을 수만은 없었다. 샤갈과 벨라는 결혼 이듬해 얻은 딸 이다를 들쳐업고 베를린을 거쳐 파리로 탈출을 감행했다. 파리에 안착하고 나서 샤갈은 시름시름 향수병을 앓기 시작했다. 그는 어릴 적부터 꿈으로 이어지는 환상의 세계에 심취한 나머지 몽환적 그림을 즐겨 그린 것도 마음속에 고향이 도사리고 있었기 때문이었다.

　날아다니는 바이올린, 허공으로 치솟는 천사 또는 연인, 꽃을 든 신부, 수탉과 나귀, 염소와 닭 등도 그의 가슴 깊은 곳에서 끓고 있는 고향의 편린들이었다. 그때부터 샤갈은 시온의 별을 꿈꾸며 살고 있는 시오니즘의 신봉자이자 팔레스타인을 떠나온 유태인들이 한시도 고향을 잊지 못하는 디아스포라였다.

　1944년 샤갈이 그토록 사랑했던 연인이자 아내였던 벨라가 바이러스에 감염되어 목숨의 끈을 놓아버렸다. 부부는 언젠가는 고향인 비테프스크로 돌아가 여생을 보낼 생각을 했으나 벨라를 잃어버린 슬픔이 너무 커 고향은 물론 자신까지 잃어버릴 정도였다. 아홉 달 동안 붓을 놓았다가 겨우 일어나 다시 팔레트에 물감을 풀었다.

　위대한 성악가에겐 몸속에 악기가 있듯이 샤갈의 몸속에 잠재하고 있던 붓끝의 물감들이 아우성치며 캔버스 위로 쏟아져 내렸다. 그는 벨라와 결혼식을 올린 식장의 촛대를 그린 다음 이 세상에 없는 아내를 울고 있는 유령의 신부로 화폭에 채워 넣었다. 그러나 벨라는 생전에 집필한 어린 시절의 기억을 더듬어 쓴 『타오르는 불꽃』과 샤갈과의 사랑을 담은 『첫 만남』이란 두 권의 책만 남기고 영면에 들어 일어나지 못했다.

　아내를 그토록 사랑했건만 무덤에 새 풀이 돋아나기 전에 샤갈은 두 번째 여인을 만난다. 대부분의 수컷들은 이미 소유해 봤던 암컷에 대한 추억들을 너무 쉽게 잊어버리는 '기억 상실증' 환자의 속성을 지니고 있다. 그래서 '수컷들은 다 그래.'란 욕을 얻어먹어도 부끄러운 줄 모르는 것이 생리다.

마르크 샤갈 **에펠탑의 신랑 신부**, 1939년, 70×77cm

딸 이다가 어머니의 기억을 떨쳐 버리지 못하고 슬픔에서 헤어나지 못하는 아버지를 보고 친구인 버지니아 해거드(Virginia haggard)란 여성을 하우스 키퍼로 데려온다. 그녀 나이 29세 샤갈이 58세 때이다. 빈집의 두 남녀는 어찌되었을까. 여자의 마음만 갈대가 아니라 남자의 마음도 갈대이기는 마찬가지였다. 암수 갈대가 7년 동안이나 바람 불 때마다 몸을 부딪다 보니 데이비드라는 아들이 새끼 갈대로 태어났다.

샤갈은 프랑스 국적을 얻어 남프랑스 지중해 연안 리비에라 지역인 코트 다쥐르에 정착하여 두 번째 인생을 시작했다. 프로방스의 눈부신 태양 아래서 노후를 즐기다 뼈를 묻을 결심을 하지만 무위로 끝나고 말았다. 해거드는 7년 동안 함께 살아온 샤갈 곁을 떠나버렸다. 사진을 좋아했던 그녀는 샤갈과 헤어진 한 달 뒤 벨기에 사진가 찰스 마리 레온과 결혼했다.

샤갈의 딸은 효녀였다. 죽은 어미가 알았으면 약간은 속이 상했겠지만 이다가 결혼하면서 아버지가 너무 외로울 것 같아 바바라는 애칭으로 불리는 발렌티나 브로드스키란 여성을 아버지의 비서로 집안에 밀어 넣었다.

그녀는 러시아계 유태인으로 런던에서 모자가게를 하고 있었다. 그녀가 47세, 샤갈 나이 65세 때 일이다. 짝으로 만난 고독한 갈대들은 만난 지 몇 달 되지 않아 결혼했으며 바바는 본격적인 샤갈의 그림 관리에 몰두했다. 딸 이다는 유작들이 바바의 수중으로 넘어갈 것을 우려하여 아버지와 바바와의 결혼은 무효라고 주장했지만 이미 법적으로 샤갈의 여인은 바바였다.

샤갈과 피카소는 프랑스 화가들 중에서 가장 친하게 지냈다. 피카소는 마티스가 세상을 떠난 뒤 "프랑스 화단에서 색채가 무엇인지 아는 사람은 샤갈 뿐"이라고 격찬했으며 샤갈 역시 피카소를 천재로 인정했다. 샤갈은 생존 화가로 루브르 박물관에 작품이 걸렸으며 정부로부터 레지옹 도뇌르 대십자훈장도 받았다. 러시아 시골 출신인 샤갈은 프랑스에서 화가로서 명예와 부를 이루고 덤으로 아름다운 여인들을 얻었지만 끝내 인생의 마지막 소원이었던 고향으로 돌아가지는 못했다.

그는 프랑스 남부 프로방스지역의 생폴드방스에서 39년 간 살다 1985년 97세로 사망했다. 요즘 나는 의사 지바고가 눈보라 치는 빙원 속의 라라를 찾아갈 때 들려오는 '라라의 테마 뮤직'을 즐겨 듣는다. 음악을 들으며 「샤갈의 마을에 내리는 눈」이란 김춘수의 시를 읽으며 무료한 하루를 허허롭게 채운다. 눈을 감고 눈 내리는 3월 샤갈의 마을을 그려보면 샤갈과 벨라의 모습이 흐릿한 눈사람으로 보인다.

  샤갈의 마을에는 3월에 눈이 온다
  봄을 바라고 서 있는 사나이의 관자놀이에
  새로 돋은 정맥이
  바르르 떤다
  바르르 떠는 사나이의
  새로 돋은 정맥을 어루만지며
  눈은 수천 수만의 날개를 달고
  하늘에서 내려와 샤갈의 마을의
  지붕과 굴뚝을 덮는다

3월에 눈이 오면

샤갈의 마을의 쥐똥만 한 겨울 열매들은

다시 올리브 빛으로 물이 들고

밤에 아낙들은

그해의 제일 아름다운 불을

아궁이에 지핀다.

늘그막에 소녀에게 장가들다
피터르 파울 루벤스

●

Peter Paul Rubens

 화가 피터르 파울 루벤스(1577~1640)는 53세 때 16세짜리 소녀를 신부로 맞았다. 첫째 아내 이사벨라 브란트와 사별하고 4년을 홀아비로 지내다 엘렌 푸르망이란 소녀를 두 번째 아내로 들였다. 아이 셋이나 딸린 늙은이에게 시집가는 처녀이니 얼굴이 못생겼거나 집이 가난하여 돈 얼마를 받고 팔려가는 것이 아닌가 하는 추측들을 하겠지만 그런 건 전혀 아니다. 엘렌은 어렸지만 나이답잖게 풍만했고 기가 막히게 예뻤다.
 스페인 국왕 필리페 4세의 동생인 페르난도 추기경은 "루벤스의 새 아내는 안트베르펜에서 가장 매력적이고 아름다운 여인"이라고 했다. 루벤스는 결혼하고 얼마 지나지 않아 아내 엘렌을 알몸으로 홀랑 벗기고 검은 모피만 걸치게 하여「모피를 걸친 엘렌 푸르망」이란 누드화를 그렸다. 화가 자신도 떨리는 손으로 그린 그 작품은 명화 중의 명화였다.

이들 부부는 자작나무 등걸에 불이 붙듯 정념의 불길이 세차게 타올랐다. 루벤스가 죽을 때까지 10년을 살면서 2년에 한 번꼴로 아이 5명을 출산했다. 부부의 모습을 머릿속으로 그려보면 우수가 지난 이른 봄 암수 개구리 두 마리가 물웅덩이 가에서 어부바 놀이를 즐기고 있는 것 같다. 개구리가 노니는 물밑에는 물큰한 자루에 사랑의 흔적인 알들이 뭉글뭉글 부화할 날을 기다리고 있다.

루벤스는 첫 아내 이사벨라를 사랑했으며 그녀가 먼저 저승으로 떠났지만 그리워하는 정을 지니고 있었다. 화가는「미의 세 여신」이란 그림을 그리면서 왼쪽에는 이사벨라를, 오른쪽에 엘렌을 배치하여 이승과 저승의 간극에서 자칫 헷갈리기 쉬운 애모의 정을 붓끝으로 표현했다. 그는 엘렌과의 사이에서 태어난 셋째 딸의 이름을 이사벨라−엘렌으로 작명한 것만 봐도 그의 사랑이 한쪽으로 치우치지 않았음을 보여주고 있다.

그러나 눈앞에 보이는 것을 우위에 둘 수밖에 없고 나이와 미모 등을 저울질해 보면 아무래도 기우는 쪽은 어리고 예쁜 엘렌이었을 것이다. 엘렌이 시집올 적 나이인 16세 때 순교당한 성녀 카테리나를 캔버스에 옮기면서 엘렌을 모델로 했으며 출산의 수호성인인 성 마르가리타를 그릴 때도 역시 엘렌의 얼굴을 성녀화했다.

스페인 마드리드 프라도 미술관에 전시되어있는「사랑의 정원」은 사랑과 관능이 물결로 출렁이는 루벤스의 대표적 작품이다. 평자들은 "이 작품은

피터르 파울 루벤스, **사랑의 정원**, 1633년경, 유화, 캔버스에 유채, 283×198cm

화가의 고향인 플랑드르의 가든파티 풍습을 그린 것으로 사랑에 대한 신 플라톤주의적 은유를 표현한 위대한 그림"이라고 평한 적이 있다. 이 작품은 엘렌을 새 아내로 얻은 기쁨을 사랑의 정원에 가득 담은 것이다.

십여 년 전에 스페인을 여행하면서 프라도 미술관에 들른 적이 있다. 당시의 목표는 피카소의 게르니카를 보는 것이었다. 게르니카는 잠시 프라도에서 떠나 있을 때여서 보지 못하고 돌아섰다. 그림에 대한 조예가 깊지 않아 루벤스가 어떤 사람인지 몰랐고 사랑의 정원도 눈에 들어오지 않았다. 미술관을 두어 바퀴 돌면서 분명 사랑의 정원 속 풀밭을 밟았을 텐데 스쳐 지나가는 바람에 느끼지 못한 인연은 인연이 아니었음을 늦게 깨달았다. 에고, 원통해라.

일행들보다 일찍 문밖을 나오니 큰길 가에 초로의 멋쟁이가 중절모를 비뚜로 쓰고 기타를 연주하고 있었다. 귀에 익은 곡들이어서 옆에 퍼질고 앉아 유로 동전 두어 개를 모자 속에 던져 넣었다. 나를 한번 쳐다보고는 새로운 곡을 켜는데 아는 곡이었다. 「아리랑」이었다. 나도 모르게 박수를 보냈더니 키를 하이로 올렸는지 소리가 더 크게 울렸다. 일행들이 쇼핑을 마치고 나올 때까지 이삼십 분을 노신사와 함께 음악 속에서 놀았다. 게르니카를 못 본 허탈감이 오히려 기쁨으로 변주되고 있었다.

루벤스는 엘렌을 만나 겨우 10년을 살다 심한 통풍과 심장발작으로 1640년 5월 30일 사망했다. 그는 죽기 전 재산의 절반과 많은 작품들을 엘렌에게 물려주었다. 그러나 「모피를 걸친 엘렌 푸르망」이란 작품만은 타인에게 절대로 팔지 말라고 신신당부하고 떠났다. 그녀는 대부분의 작품을 남편 사후 몇 년 안 되어 몽땅 처분했으나 모피 그림만은 팔지 않았다. 엘렌은 브라우호번이란 백작과 재혼하여 다섯 아이를 더 낳고 풍족하게 살다가 1673년 안트베르펜 근교에서 하늘로 올라갔다.

루벤스는 독일에서 태어났으나 아버지의 고향인 벨기에 안트베르펜에서 작품 활동한 바로크 미술의 거장이다. 14세부터 그림을 배우기 시작하여 르네상스 시대 여러 화가들의 그림을 모사하면서 실력을 쌓아갔다. 여러 미술관을 돌아다니며 미켈란젤로, 레오나르도 다빈치, 라파엘로 등의 작품들을 보고 그들의 영향을 많이 받았다.

그는 가톨릭 신자로 종교교육을 받고 자랐기 때문에 초기에는 성경과 신화에 나오는 인물들의 초상을 주로 그렸다. 그의 그림 솜씨가 널리 알려지면서 스페인의 펠리페 4세, 잉글랜드의 찰스 1세, 프랑스의 마리 드 메디시스와 같은 왕족들에게도 많은 사랑을 받았다. 스페인과 잉글랜드로부터 기사 작위를 받기도 했으며 한때는 외교관으로 활동하기도 했다.

루벤스는 일부 인상파 화가들이 가난하게 살고 있는 것을 보고 작품을 매각할 때와 저작권 문제를 야무지게 관리한 탓으로 평생 동안 가난을 모르고 살았다. 그는 안트베르펜으로 귀향하여 대저택과 작업실을 짓고 제자와 문하생들과 협업하여 대량으로 그림을 생산해냈다. 루벤스는 유럽 곳곳에 그림 공장을 차려 제자들을 시켜 비슷비슷한 그림들을 무더기로 생산하여 부를 이뤘으니 화가라기보다는 장사꾼이라 부르면 과한 표현일까.

루벤스가 젊은 시절에 그린 종교화들이 유럽의 성당에 많이 널려 있다. 영국의 소설가 워더(본명 M. L. 라라메)는 노트르담 성당에 루벤스의 그림이 걸려 있는 것에 영감을 얻어 『프란다스의 개』란 소설을 썼다.

"네로란 소년은 할아버지와 살고 있었다. 화가가 되고 싶었으나 물감 살 돈이 없었다. 하루는 길에서 버려진 개를 데려와 파트라슈란 이름을 지어 우유 배달 수레를 끌게 하고 함께 살았다. 네로는 루벤스가 그린 성당 벽에 걸려 있는 예수님의 그림을 보고 싶었으나 성당에 들어갈 입장권 살 돈이 없었다. 성탄일에는 무료 개방한다는 소문을 듣고 네로는 크리스마스 이브에 성당을 찾아갔다. 힘없는 걸음으로 루벤스가 그린 「십자가에 올려지는 예수」, 「십자가에 내려지는 예수」, 「예수의 부활」, 「성모의 승천」 등의 그림이 걸려 있는 성당 바닥에 쓰러져 개와 함께 숨을 거뒀다. 너무 오래 굶어 배가 고파 죽은 것이다."

지금도 이곳을 찾는 관광객들은 루벤스의 그림보다는 네로와 파트라슈의 무덤이 어디에 있는지 노트르담 성당을 샅샅이 뒤지고 다닌다고 한다.

열 살 연상 여인을 사랑한

살바도르 달리

●

Salvador Dalí

    한창 젊은 나이 때 살바도르 달리(1904. 5. 11. ~ 1989. 1. 23.)를 만났다. 허물거리는 묽은 반죽으로 만든 시계가 책상 위에서 곧 떨어질듯이 얹혀 있고 작은 시계 두 개가 나무에 걸려 그것도 빨리 손쓰지 않으면 땅 위로 떨어질 것 같았다. 달리가 1931년에 그린 「기억의 고집」이란 초현실적인 다다이즘 그림이다. 나는 그때 아방가르드(Avant garde)가 무엇인지 문학과 미술책을 뒤져가며 공부하던 중이었다. 달리의 「기억의 고집」이란 그림은 신기한 환희이기도 했지만 마음 한편에서 '미친 놈의 수작'이란 생각도 없지 않았다.

    달리는 천재적인 DNA를 타고난 태생적 화가다. 사람들은 피카소에게 최고의 천재적 화가라는 칭송을 바치고 있지만 달리도 그에 못지않는 천재성을 발휘한 화가다. 다른 점이 있다면 피카소는 눈에 보이는 어리고 예쁜 여인은 수단과 방법을 가리지 않고 연인 내지 동거녀로 만들어 소유했지만 달리는 온리 원, 딸 하나와 남편이 있는 열 살 많은 여인을 평생 사랑하고 그리워했다.

달리는 스페인의 가톨릭 가정에서 태어났다. 아버지는 카탈루냐계 변호사 겸 공증인이었다. 달리는 여섯 살부터 그림을 그렸다. 아버지는 아들을 일찍 프랑스 학교에 보냈다. 아버지는 취미로 그림을 그려 자신의 집에서 목탄화 전시회를 열 정도의 예술 애호가였다. 1921년 달리가 17세 때 어머니가 유방암으로 숨지자 아버지는 아내의 여동생과 재혼했다. 달리는 "이모를 좋아하기 때문에 아버지를 원망하지 않는다."면서도 부자간의 관계는 그리 좋은 편은 아니었다.

달리의 천재성은 일찍부터 드러났다. 산 페르난도 왕립미술학교에 입학 당시 천재라는 소리를 들었다. 재학 중 성모 마리아를 그리라는 과제에 저울을 그려 제출했다. "다른 이들은 마리아를 보았지만 나는 저울을 보았다. 이 답은 심사위원보다 내가 더 잘 알고 있다. 그래서 저울이 아닌 답을 적을 수가 없었다." 달리는 이날 퇴학당했다.

남들이 가지 않는 엇길을 걷는 사람이 천재일 경우가 아주 많다. 우리나라의 이상과 시인 박인환 그리고 걸레스님 중광도 이 범주에 드는 괴짜들이다. 달리는 일찍부터 아방가르드에 빠져 기존 예술 관념이나 형식을 부정하고 혁신적 예술 활동을 주장하는 운동에 가담하여 그림도 미래를 향하는 초현실주의 쪽으로 달려갔다. 그는 인식할 수 있는 것을 이해할 수 없게 하여 생기는 부조화적 충돌이 오히려 평단의 주목을 끌었다. 이런 작업을 설익은 채로 계속하면 자칫 미치광이라는 소리를 듣게 된다. 달리는 '광인과 나의 차이는 단 하나, 내가 미치지 않았다는 것'이라고 말하며 평자들의 어설픈 지적을 미리 차단해 버렸다.

달리는 허공을 떠도는 광인을 지상의 천재로 만드는 데 일생을 바친 갈라(1894~1982 본명 엘레나 이바노브나 디아코노바)라는 여인을 만나게 된다. 그녀는 러시아 출신으로 스무 살 전에 시인 폴 엘뤼아르와 결혼, 딸 하나를 낳았다. 그녀는 딸을 사랑하지도 바르게 키우지도 못하면서 자신의 연인에게만 헌신하는 이상한 성격의 여인이다. 그녀의 두 번째 남자는 독일 쾰른의 다다이즘을 이끈 초현실주의 화가 막스 에른스트였다. 마지막 남자는 그녀가 모든 것을 걸고 인생의 끝자락까지 밀고 간 살바도르 달리다. 달리는 3번 타자로 등장하여 만루 홈런을 친 사나이다.

갈라의 첫 남편인 엘뤼아르는 프랑스 대표적 시인으로 빈민가에서 태어났다. 성품은 단순 소박했으나 브르통과 다다이즘을 이끌면서 반파시즘 운동에 투신한 정치적인 인물이었다. 못 먹고 살았던 어릴 적 환경 탓으로 결핵에 걸려 육신을 스위스의 요양원에 의탁하고 있었다. 그곳에서 열렬 팬이자 운명의 여인인 갈라를 만나 사랑에 빠지게 된다.

둘은 독일 여행 중에 막스 에른스트의 작업실에 들른다. 엘뤼아르는 에른스트를 존경했으며 에른스트는 엘뤼아르의 아내인 갈라에게 연정을 품는다. 두 남자는 갈라를 사이에 두고 5년 동안이나 동거를 하게 된다. 그것은 마치 히말라야 산간마을 남자 형제들이 여인 하나를 데려와 함께 살면서 아이가 태어나면 형의 자식인지 아우의 자식인지를 구별할 수 없는 가족제도와 비슷하다고나 할까.

 이런 상황이 혼란스러워 엘뤼아르는 갈라의 마음을 되돌릴 수 없다고 판단하고 사라져 버린다. 갈라 역시 이런 이중 관계에서 기쁨을 얻지 못하고 마음이 붕 떠 있는 상태에서 극적으로 등장한 달리를 만나 천재 화가의 기이한 행동에 서서히 중독되어 간다. 달리와 갈라가 스페인에서 처음 만나는 순간 누가 먼저랄 것도 없이 끌어안고 열정적 키스를 나눴다. 숫총각 달리의 입술에서 피가 날 정도로 물고 빨았다니 그다음 이야기는 짐작으로 때워도 될 것 같다.

 둘은 파리에서 달리의 개인전이 열릴 때 동반 도주한 적도 있다. 갈라는 첫 남편과 이혼하고 달리와 결혼했다. 달리는 나중 "그 키스가 나를 구했다. 나의 광기를 돌보아 준 그녀 덕분에 나는 미치지 않았다."고 했다. 달리는 그녀에게 얼마나 빠졌는지 "나는 어머니나 아버지보다, 피카소보다, 돈보다 갈라를 더 사랑한다. 그녀는 나의 뮤즈이자 나의 삶"이라며 공공연히 떠들고 다녔다.

 달리의 대표작으로 꼽히는 「기억의 고집」이란 그림은 갈라가 친구들과 영화관에 갈 때 달리는 두통이 심해 함께 가지 못했다. 충계를 내려오다가 갑자기 현기증을 느껴 겨우 눈을 떠보니 시계가 까망베르 치즈처럼 늘어져 나무 위에 걸려 있더라고 했다. 갈라는 나중 이 그림을 보고 엄청난 찬사를 터트렸다. "당신이 그린 그림 중에 최고의 그림은 바로 이것이야."

 갈라는 나이가 들어갈수록 미모에 자신을 잃고 성형 수술로 젊음을 유지

살바도르 달리 **기억의 고집**, 1931. 캔버스에 유채, 24×33cm

하려고 발버둥을 쳤으며 요즘의 보톡스 같은 시술을 받기까지 했다. 달리가 중풍으로 심한 수전증까지 겹쳐 붓을 잡지 못할 지경에 이르렀다. 갈라는 마지막 불꽃을 태우려는 듯 젊은 청년들을 꼬셔 계속 불륜을 저지르고 다니다가 달리에게 얻어터져 갈비뼈 두 개가 부러지는 상처를 입기도 했다.

  1982년 달리는 스페인 국왕으로부터 후작 작위를 받던 해 6월 10일 갈라는 87세의 나이로 이승을 떠났다. 갈라가 떠나고 나서 달리는 삶의 의욕을 잃고 있었다. 그는 치매와 신부전증에 시달리다 1989년 1월 23일 아침에 사랑하는 갈라가 먼저 가 있는 저승으로 올라갔다. 생 피에르 교회에서 치러진 장례식에 카를로스 국왕이 참석했으며 시신은 피게레스 극장 미술관에 안치되어 있다. 저승에서도 갈라와 함께 살고 있을라나 그건 모르겠다.

제4장

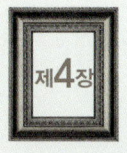

곡예사의 첫사랑

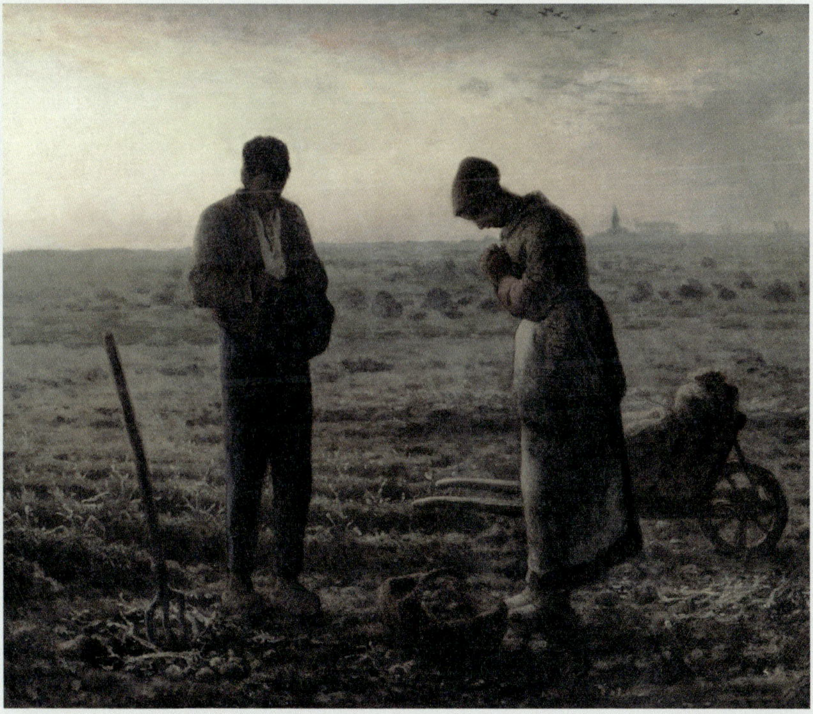

장 프랑수아 밀레 **만종**, 1857~1859년. 유화, 캔버스에 유채, 55.5×66 cm

곡예사의 첫사랑
베르나르 뷔페

Bernard Buffet

여관 앞마당에는 주막 구실을 하는 멍석이 펼쳐져 있었다. 바캉스 시즌 막바지에 선유도에 들어가기 위해 친구와 단둘이 이곳 군산에 도착했다. 늦은 오후에 출발한 것이 화근이었다. 섬으로 떠날 배들은 승객이 없어 부두에 목줄을 매고 있었다. 내일이 일요일인데도 출항할 배는 한 척도 없었다. 당장 돌아갈 수도 없어 멍석 주막에 퍼질러 앉아 찌그러진 막걸리 주전자를 두드리며 밤이 깊어지기를 기다렸다.

열어젖힌 방안에는 흑백 텔레비전에서 무슨 음악회가 열리고 있는지 박수 소리가 요란했다. 동행한 친구가

"저 노래 한 번 들어 봐. 기가 막히게 잘 불렀어."

"꽤 괜찮은 노래 같은데, 제목이 뭐지?"

"곡예사의 첫사랑이란 노랜데 박경애라는 가수가 불렀어."

취재 노트를 꺼내 가수와 곡명을 적었다.

간혹 방석집에 가게 되면 부를 노래가 없었는데 '잘됐다' 싶었다. 레코드 가게에서 '박경애의 곡예사'가 들어 있는 LP판을 구입하여 시간이 날 때마다 틀었다. 첫 귀(?)에 반한 노래여서 가사는 쉽게 욀 수 있었지만 따라 부르기가 만만치 않았다. "줄을 타며 행복했지, 공굴리며 좋아했지~." 한 며칠 동안 곡예사를 붙들고 씨름을 했더니 겨우 문맥이 통하고 음의 높낮이를 겨우 짚을 수 있을 것 같았다.

노래가 입에 익을 만해졌는데도 아무도 방석집에 술 마시러 가자는 친구는 없었다. 곡예사의 사랑 노래는 가슴 속에서 숙성이 되고 있는지 계속 신트림만 올라왔다. 노래의 가사처럼 "울어 봐도 소용없고 후회해도 소용"이 없었다. "어릿광대의 서글픈 사랑"처럼 객기뿐인 젊은 날은 그렇게 흘러갔다.

붙잡을 수 없는 세월은 주인의 허락 없이 기억을 망각으로 몰아가 버렸다. 추억 속에 잠자고 있던 「곡예사의 첫사랑」도 목줄 안 맨 강아지처럼 아련한 흔적만 남기고 어디론가 사라져버렸다. 방석집에는 더이상 갈 일이 없어졌고 어쩌다 한 잔 마시는 대폿집에서 곡예사를 불러낼 필요가 없었다.

그 노래 속에 내 청춘이 들어있었는데 망각의 세월 탓에 젊음이 달아나버린 모양이다. 그러니까 한 많은 곡예사는 손풍금과 흰 분칠에 빨간 코를 바랑 속에 집어넣고 서글픈 사랑 노래를 허허롭게 부르며 먼 길을 떠나버렸나 보다. 난생처음 들어 본 노래가 그렇게 좋아진 걸 보니 내 유전자 속에는 광대 또는 곡예사 같은 부질없는 신명이 들어있었나 보다.

며칠 전 아침신문에 프랑스 화가 베르나르 뷔페(1928. 7. 10. ~ 1999. 10. 4.) 전이 예술의 전당에서 열린다는 기사 옆에 화가가 그린 광대 그림이 큼지막하게 실려 있었다. 그림을 보는 순간 깜짝 놀랐다. 한참 잊고 있었던 나의 곡예사가 떠날 때 지고 갔던 바랑을 내려놓으며 멀찌막하게 웃고 서 있었다. 「곡예사의 첫사랑」에 나오는 줄을 타는 그 친구는 만난 적이 없고, 뷔페가 그린 광대 역시 통성명을 한 적이 없지만 둘 다 데자뷔처럼 영혼으로 만난 적이 있는 어릴 적 서커스에 나온 배불뚝이 크라운의 모습 그대로였다.

고향 집 앞 공설운동장에는 잊을 만하면 서커스단이 찾아와 엄청나게 큰 포장을 치고 나팔을 불며 사람들을 불러 모았다. 나는 한 번도 돈을 내고 서커스 구경한 적이 없다. 공연이 열리고 입장권을 끊고 들어갈 사람이 모두 들어가고 나면 경비가 느슨해지기 마련이다. 그때 "아저씨, 아저씨 좀." 하고 몇 번 부르기만 하면 기도 보는 주임이 들어가라는 손짓을 하곤 했다.

나는 쉽게 곡마단 배우와 광대들에게 빠져들었다. 불 붙은 키높이 굴렁쇠를 뛰어서 빠져나오거나 공중에서 그네를 타며 날아다니는 곡예사가 되고 싶었다. 서커스 구경은 마약과 같은 것이어서 경비가 엄할 땐 실밥이 터진 포장 사이로 기어들어 가다가 송판때기로 볼기를 맞은 적이 한두 번이 아니다. 그래도 나는 서커스 도둑 출입을 멈출 수 없었다. 맘속으로 커서 '곡예사가 되어 볼까'라는 생각을 더러 하기도 했지만 엄마의 품에서 도망칠 용기는 내게 없었다.

광대 그림을 그린 뷔페의 젊은 날은 우리들의 어린 시절처럼 가난이 생활

• 베르나르 뷔페 •

속에서 함께 질주하고 있었다. 그가 그린 크라운들은 웃고 있어도 속으론 울고 있었다. 뷔페 자신도 "그때는 먹을 것과 그릴 것만 찾아 다녔다."라고 말했듯이 광대들 역시 배고픔과 불안과 우울 속에서 메마른 사막을 맨발로 걷고 있는 듯한 처지에서 벗어 날 수 없었다. 뷔페가 그린 광대 그림은 좌절의 초상 위에 수심을 덧칠한 것들이 대부분이었다.

화가들은 왜 서커스를 좋아할까. 피카소는 페르낭드라는 아가씨와 연애할 때 메드라노 서커스 구경을 하면서 곡마단 세계에 빠져들었다고 한다. 그는 줄을 타는 광대, 익살꾼, 곡예사들의 몸동작 하나하나를 세밀히 관찰하여 어릿광대의 초상들을 절묘하게 그려냈다고 한다.

물랭루즈에서 살다시피 한 로트렉은 멸시받던 서커스 광대와 매춘부를 즐겨 그렸다. 특히 일급 무용수이자 여성 광대인 차 우 코(Cha u ko)의 드로잉과 석판화를 많이 남겼다. 또 캉캉 댄서인 잔느 아브릴을 사랑했으나 로트렉의 선천적 장애인 키가 작은 불운을 극복하지 못하고 실패하고 말았다.

사생아 출신의 곡예사이자 누드모델인 수잔 발라동과는 동거하기도 했으나 신체적 장애를 이겨 낼 수는 없었다. '사랑이란 상대가 나를 갈망하기를 갈망하는 것'이라고 했지만 갈망이라는 것은 그냥 입맛 다시는 것으로 끝나야 하는 정말로 허무한 것.

피카소를 비롯한 많은 입체파 화가들이 서커스를 주제로 한 많은 작품을 남겼지만 아무도 왜 광대를 그리는지 명쾌한 답을 내놓지 못했다. 그러나 샤갈은 서커스에 끌린 이유를 "나의 회화도, 언어도 결코 서커스의 정확함에는 미치지 못한다."라고 말함으로써 서커스 크라운들의 매력은 정확성에 있다는 결론을 내린 바 있다.

　공중그네를 타는 광대들도 영 점 몇 초 차이로 내밀고 있는 잡아야 하는 손을 잡지 못하면 영원 속으로 떨어지게 된다. 그런데, 그런데 말이다. 추상 회화를 지향하던 피카소, 몬드리안, 뭉크, 칸딘스키는 물론 심지어 샤갈의 유화에서조차 정확성을 찾아내기가 매우 어렵다. 추상화라는 그림 자체는 기존의 질서, 비례, 구도를 어기고 추상이란 개념 자체에 충실하려는 노력의 집합이 아닌가. 나의 그림 보는 눈은 정확과 부정확을 아직 구분할 수 없으니 수준 미달임이 분명한 것 같다. 뷔페의 광대전이 열리는 예술의 전당에 가서 어릿광대의 서글픈 사랑을 보고 울고 웃으며 실컷 즐기기나 해야겠다.

그대 무덤 발치에 날 묻어 주오
산드르 보티첼리

•

Sandro Botticelli

 흔해 빠진 사랑 틈새에서 참사랑이 어떤 것인지를 증명한 화가가 있다. 회기들 세계에서 사람이란 비둘기 콩 주워 먹듯 이 콩 저 콩을 가리지 않고 먹어치우면 그만일 때가 있었다. 당시 시대 풍조는 모델로 기용한 여성은 화가가 시키는 대로 벗으라면 벗어야 하고 누우라면 누워야 했다. 그래서 누드화를 그리지 않은 화가가 없었으며 모델이 동거녀가 되는 것을 당연시하고 부끄럽게 생각하지 않았다.

 산드르 보티첼리(1445~1510)는 피렌체의 산타마리아 노벨라 성당 부근에서 염색공인 마리아노 필레페피의 아들로 태어났다. 본명은 따로 있지만 술을 워낙 좋아하여 '작은 술통'이란 뜻을 지닌 보티첼리라는 이름으로 널리 알려졌다. "내가 죽으면 술통 밑에 묻어줘. 운이 좋으면 밑둥이 샐지도 몰라."라고 읊었던 모리야 센얀이란 술꾼 시인과 닮았다.

그는 일찍 프라 필리포라는 스승을 만나 그림을 배우기 시작했으나 홀로 서기에 자신감을 갖고 20대 초반에 단독 공방을 차려 그리고 싶은 것들만 캔버스에 옮겼다. 유명해진 동기는 오니산티 성당을 위해 성 아우구스티누스의 초상을 그린 것이 계기가 되어 초기 르네상스 시대에 뛰어난 화가로 인정받았다.

피렌체 공방에서 열심히 일하고 있을 때 이탈리아 최고 가문인 메디치가의 의뢰를 받아 종교와 신화 그리고 역사 이야기를 담은 작품과 초상화를 제작했다. 「비너스의 탄생」이란 작품이 이때 탄생한 세계에서 유명한 명화 중의 하나이다. 지금도 메디치 가문의 우피치 미술관이 수집한 예술품 중에는 보티첼리의 그림들이 압도적으로 많다. 보티첼리는 예술 활동의 전반을 메디치 가문의 적극적인 후원 아래 가문을 위한 그림을 그렸기 때문에 그것이 잘 보존되고 전승되어 오늘에 이르고 있다.

보티첼리는 메디치 가문에서 활동할 때 죽어도 못 잊을 여인을 만나게 된다. 그 여인은 제노바의 귀족의 딸인 시모네타 베스푸치라는 미모의 여성으로 메디치가의 장남인 로렌초의 동생인 줄리아노의 연인이었다. 그녀는 피렌체의 명문 가문의 며느리가 되기 위해 결혼준비 차 이곳으로 오게 된다.

이곳에 도착하고 얼마 안 있어 열린 마상 축제에서 시모네타가 미의 여왕으로 선발되어 피렌체 최고의 미인으로 인정받게 됐다. 피렌체의 수많은 예술가들이 그녀의 아름다운 용모를 칭송했으며 어딜 가나 그녀를 가까이서 보기를 원하는 군중들이 줄을 이었다. 시모네타는 마음씨까지 착해 자신의 주변을 서성대는 예술가들에 관심을 가지고 그들의 예술세계를 탐색하기도 했다. 예술가들 사이에 인물이 그렇게 잘생기지 못한 보티첼리도 끼어 있었지만 속으로 가슴만 뛰었을 뿐, 수작은커녕 말 한마디 건네지 못했다.

보티첼리는 맘속으로 그녀를 좋아하고 있었지만 "못 먹을 과일은 쳐다보지 말라."는 이솝의 교훈을 몇 백 년 앞서 실천하고 있었다. 이와는 반대로 시모네타는 피렌체 예술가 중에 보티첼리가 가장 두각을 나타내고 있다는 소문을 듣고 각별한 관심을 기울이기 시작했다.

어느 날 화실을 찾아온 시모네타는 보티첼리의 그림 그리는 모습을 보고 "나는 당신의 비너스가 될 것 같아요."라는 놀라 자빠질 것 같은 깜짝발언을 하고 그냥 가버렸다. 말 한마디가 천 냥 빚을 갚는다지만 그날 시모네타의 말 한마디는 순진한 화가의 가슴에 사랑의 불화살을 꽂은 운명의 순간이었다.

그날 이후 보티첼리의 가슴은 사랑으로 멍들어 갔으며 눈을 뜨나 감으나 시모네타 이외는 보이는 게 없었다. 성품이 곧고 나약한 보티첼리는 그녀를 찾아가 사랑한단 말 한마디 못하고 속으로만 계속 앓고 있었다. 그러나 그 기간은 그리 길지 않았다. 시모네타는 스물둘이란 젊은 나이에 폐결핵을 앓다가 다시는 돌아오지 못할 먼 길로 떠나버렸다. 빌어먹을! '미인 단명'이란 말이 이렇게 사무치는 그리움만 남겨 두고 떠나다니 보내는 이는 미치고 환장할 지경이었다.

그녀의 죽음을 가장 슬퍼한 사람은 보티첼리였지만 많은 피렌체 예술가

산드르 보티첼리, **비너스의 탄생**, 1482~1486, 캔버스에 템페라, 172.5×278.5㎝

와 시민들이 함께 눈물을 흘리며 장지까지 배웅해 주었다. 장례식 날 피렌체의 전통 관습과는 달리 망자의 얼굴을 가리지 않고 가까이 오면 누구나 볼 수 있도록 관을 열고 장례행렬은 묘지로 향했다. 관 속의 시모네타는 결핵 환자 특유의 해맑은 아름다운 모습이 어느 때보다 돋보였다고 한다.

시모네타는 죽었지만 영원히 죽지 않고 다시 살아났다. 그녀를 사랑했던 보티첼리의 붓끝을 타고 그가 그린 많은 명화의 화폭 속에 되살아 난 것이다. 그녀가 세상을 떠난 후 보티첼리는 시모네타의 얼굴을 그려 넣지 않고 그린 작품은 한 점도 없다 할 만큼 그는 미치광이가 되어 가고 있었다. 그때부터 그가 그린 작품들은 시모네타에게 바치는 헌정화라고 할 수 있다.

그 첫 번째 작품이 로마의 시인 오비디우스의 「변신」 이야기에 나오는 '봄'의 정경을 그린 것이다. 이 그림에 나오는 봄의 여신 플로라는 그가 사모했던 시모네타를 모델로 그린 것이다. 폐결핵으로 죽어가던 홍조 띤 양 볼의 모습이 그녀의 마지막 모습과 몹시 닮아 있었다.

「비너스의 탄생」이라 그림은 시간의 여신 호라가 비너스를 맞으며 장식이 많이 달린 가운을 입혀 주고 있는 장면을 그린 것이다. 이 그림을 그릴 때 보티첼리는 어느 날 화실로 찾아온 시모네타가 "당신의 비너스가 될래요."라고 말한 지난날의 추억을 불현듯 기억해 내고 여신 호라의 얼굴을 자신이 사랑했던 여인의 모습으로 그려 넣은 것 같다고 평론가들이 말하고 있다. 일각에선 비너스의 모습도 시모네타가 모델이라는 이야기도 있다.

하기야 사랑에 미친 사내의 눈에 보이는 것은 죽은 지 7~8년이 지났어도 사랑하는 이의 얼굴 외에 보이는 것이 없었으니 이를 어쩌랴. 「팔라스와 켄

타우로스」라는 그림에 나오는 미네르바의 여신 팔라스의 얼굴도 보티첼리가 죽도록 사모했던 시모네타를 모델로 했다니 더이상 무슨 말로 마음의 상처를 치료해 주랴. 보티첼리는 살아생전에 가까운 지인들에게 "자신이 죽으면 시모네타가 묻혀있는 무덤의 발치 쪽에 묻어 달라."는 말을 자주 했다고 한다.

  그는 젊은 시절 꽤 많은 돈을 벌었지만 관리를 잘못하여 빈털터리가 되었다는 소문도 있고 전 재산을 수도원에 기증하고 궁핍한 만년을 보냈다는 설도 있다. 그는 1510년 65세의 나이로 시모네타를 만나기 위해 먼 길을 허적허적 걸어갔다. 보티첼리는 소원대로 사랑하는 여인이 묻혀있는 아르노 강변 부근의 오니산티 성당 묘지에 안장됐다. 보티첼리는 죽어도 잊을 수 없는 연인과 강변의 달빛 길을 걸으면서 이승에서 못다 한 이야기들을 그렇게 나눴으면 좋겠다. 두 손 꼭 잡고.

• 산드르 보티첼리 •

진주 귀걸이 소녀
요하네스 페르메이르

●

Johannes Jan Vermeer

    결혼생활 22년 동안 11명의 아이를 낳은 네덜란드 화가가 있다. 부인이 2년에 한 번꼴로 아기를 낳은 셈이니 다산의 여왕이라 부를 만하다. 남편이 아내의 배 위를 지나가기만 하면 새 생명이 들어서고 젖도 떨어지지 않은 상태에서 또 잉태하는 배부른(?) 삶이 20년 넘게 지속되었다.

    요하네스 페르메이르(1632. 10. 31. ~ 1675. 12. 15.)는 네덜란드 델프트에서 화가의 아들로 태어난 풍속 화가다. 그의 아내는 유산을 금기시하는 가톨릭 집안의 카타리나 포르네스란 처녀였다. 유럽을 휩쓴 30년 전쟁이 끝난 직후여서 국가 경제가 매우 어려운 상태였다. 페르메이르 역시 화가이긴 하나 1년에 겨우 한두 점 정도를 그릴 정도였으니 많은 자식들을 먹여 살리기 위해선 여러 돈벌이 모임에 가입하지 않을 수가 없었다.

페르메이르의 생애가 이만큼 밝혀진 것도 그의 사후 200년이 지나 한 미술평론가에 의해 발굴된 자료가 세상에 빛을 보았기 때문이다. 그가 그린 작품 수는 37점으로 알려져 있지만 오랜 세월을 지나오는 동안 무명화가의 그림으로 버려졌거나 전쟁의 참화 속에 소실된 작품들이 많았을 것이다.

페르메이르의 작품은 맑고 깨끗하다. 가을철 하늘을 떠도는 공기처럼 투명하고 상쾌하다. 인상파 화가들이 즐겨 그린 나뭇잎 사이로 뚫고 들어오는 햇빛과는 전혀 다른 행복과 애정이 담뿍 담긴 얇게 퍼지는 햇살처럼 정서적이다. 그가 그린 그림 속 여인들의 연애와 사랑이 어떻게 끝을 맺는지 짐작할 수 없는 이야기가 숨어 있다.

'북유럽의 모나리자'라고 불리는 「진주 귀걸이를 한 소녀」란 작품은 페르메이르의 대표작으로 누구든지 한 번 보고 나면 입맛을 다시는 명화다. 소녀는 화가가 좋아하는 세 가지 색깔 즉 파랑, 노랑, 주황으로 코디된 터번과 수건을 머리에 묶고 흰 셔츠 위에 황토색 윗도리를 걸치고 있다. 관람자가 소녀를 보는 시선은 두 눈망울을 쳐다보다가 미끄러지듯 코를 지나 붉은 입술 쪽으로 내려오면서 생각 속에서 무슨 얘기를 만들어 내려고 한다. 그러다가 이내 입술의 오른쪽 평행선에 매달린 진주 귀걸이에 시선이 멎으면 소녀의 마음속에서 움트고 있는 사랑의 감정이 거기에 매달려 있음을 느끼게 된다. 화가의 재치있는 솜씨는 아련한 그리움을 안겨주는 멋있는 영화의 라스트 신처럼 결말은 관객들의 몫으로 던져버리고 정작 화가는 빈 붓을 쥐고 떠나버린다. 그것이 그의 매력이다.

페르메이르는 쪼들리는 생활 탓으로 대작을 그릴 수 없었으며 그 시대에 유행하기 시작한 벽걸이 그림 사이즈인 30호를 넘지 않았다. 1년에 불과 몇 점밖에 그릴 수 없었던 원인은 캔버스와 물감 등 재료 구하기가 어려웠기 때문이리라. 또 내실에서 거주하는 여인들의 생활 습속을 즐겨 그린 까닭도 야외 사생에 따르는 경비 마련이 쉽지 않았던 것으로 짐작된다.

소녀의 귀걸이 작품은 많은 사람들이 좋아하는 대표작이어서 좋은 대접을 받고 있지만 그것보다는 「연애편지」, 「안주인과 하녀」, 「창가에서 편지를 읽는 여인」, 등 일련의 연애편지 시리즈가 훨씬 재미있고 흥미롭다. 이 그림들은 '보는 재미' '느끼는 재미' '상상하는 재미'를 두루 갖추고 있다. 개인적인 소견이긴 하지만 페르메이르는 가난이란 굴레와 함께 구르는 형편 때문에 연애편지 한번 제대로 써보지 못하고 생을 졸업했을 것 같다.

게다가 내성적인 성격과 자신을 드러내지 못하는 심약한 성품 탓으로 에로스적 연애를 해본 경험도 없을 것 같은 생각이 든다. 어쩌면 그것이 콤플렉스로 작용하여 밀폐된 실내에서 생활하는 안주인과 하녀, 연애편지를 읽거나 쓰는 여인들을 작품으로 표현할 땐 무의식에서 출발한 의식의 흐름(stream of consciousness)이 캔버스에 그대로 표출되지 않았나 싶다.

페르메이르의 「연애편지」는 8호(44×38.5)짜리 아주 작은 작품이다. 류트를 켜고 있는 안주인에게 하녀가 편지를 건넨다. 하녀를 쳐다보는 마님의 표정이 예사롭지 않다. 하녀의 표정은 '편지를 읽어 보지 않아도 다 안다.'는 듯 능청스럽다. 화가는 그림의 배경을 구성하면서 안주인의 불륜을 은근하게 나타내는 복선을 군데군데 깔아두고 있다.

요하네스 페르메이르, 진주 귀걸이를 한 소녀, 1665년경, 유화, 캔버스에 유채, 44.5×39cm

벽에 걸린 바다 풍경화는 풍랑이 치고 먹구름이 끼어 있다. 안주인과 편지를 보낸 남정네와의 연애는 무모하고 난파선의 운명처럼 가정이 깨어질지도 모른다는 암시를 주고 있다. 그럼에도 불구하고 안주인이 안고 있던 류트라는 현악기는 여성의 성기를 연상시키는 것인 만큼 그들의 사랑이 얼마나 진한지를 설명하고 있다. 마님이 열애 중인 것을 하녀는 벌써부터 알아차리고 답장 쓸 것을 채근하는 눈치다.

17세기 네덜란드 사회는 1인1처제를 엄격하게 강요하고, 성적 방임을 용납하지 않았다. 그러나 누르면 터지듯 혼외정사가 급속히 퍼져 있었으며 불륜을 은근하게 상징하는 풍속화가 절찬리에 팔려나갔다. 페르메이르의「연애편지」유의 작품들은 당시 최고 인기 상품이었다.

「연애편지」의 후편은「안주인과 하녀」다. 이 작품은 30호 정도의 꽤 큰 그림이다. 안주인은 먼저 받은 편지의 답신을 쓰고 있는 중인데 하녀가 새로 도착한 편지를 내민다. 안주인은 매우 당혹스러워하지만 비밀을 알고 있는 듯한 하녀는 묵인하는 표정이어서 안도의 표정을 짓는다. 쓰고 있는 편지와 받는 편지의 대상은 동일인이 아니란 것은 여러 정황으로 봐서 분명하게 드러나고 있다. 이 그림에서도 안주인의 비밀사랑을 넌지시 알려주는 류트를 닮은 만돌린이 그려져 있다.

또 다른 작품인「편지 쓰는 여인과 하녀」는 안주인이 편지를 쓰고 하녀는 끝나기를 기다리는 20호가 채 되지 않는 작품이다. 바닥에는 마음을 표현한 글들이 맘에 들지 않았는지 NG가 난 편지지가 흩어져 있다. 하녀는 무심한 듯한 포즈를 취하고 있지만 얼굴에는 마님의 행실에 배알이 꼴리는 표정이 역력하다.

페르메이르는 아녀자의 비밀스런 삶을 들여다보며 그림을 그릴 때 어떤 생각이 들었을까. 그는 베일에 싸인 여성들의 은밀한 공간을 특유의 솜씨로 화폭에 펼쳐 보임으로써 실내화의 대가가 되었다. 그렇지만 정작 자신은 안방마님에게 연애편지는 물론 류트 한 줄 튕겨 보지 못한 허허로움이 가슴속에 흥건하게 젖고 있지 않았을까.

「진주 귀걸이를 한 소녀」란 작품을 소장하고 있는 헤이그 마우리츠하위스 왕립미술관은 최근 그림을 정밀 분석한 결과 소녀의 눈에서 속눈썹을 발견했다. 그동안 화가가 실제 모델을 보고 그리지 않아 소녀의 초상에 속눈썹은 그리지 않은 것으로 알려져 있었는데 그런 게 아닌 것으로 판명되었다. 그러나 이 소녀가 누구인지 상세한 개인 정보는 밝혀내지 못했다.

화가에게 몸을 허락한 공작부인

프란시스코 고야

●

Francisco Jose de Goya y Lucientes

　화가 프란시스코 고야(1746. 3. 30. ~ 1828. 4. 16.)는 걸작 중의 걸작 두 점을 동시에 발표하여 스페인 화단을 발칵 뒤집어 놓았다. 하나는 옷을 홀딱 벗고 침대에 비스듬하게 누워 있는 누드이며 다른 하나는 동일 모델을 같은 장소에서 옷을 입혀 똑같은 포즈로 그린 작품이다. 많은 평자들이 이 모델은 알바 공작의 부인이라고 추정하고 있지만 뚜렷한 증거가 없었으며 아니라고 말할 근거도 없어 '이다, 아니다'의 논쟁은 지금까지 계속되고 있다.

　실오라기 하나 걸치지 않고 그림을 그리게 한 모델과 그것을 그린 화가는 발설하지 않을 권리를 의무처럼 착실하게 지켜 궁금증만 증폭시키고 있다. 「키스」라는 명화를 그린 구스타프 클림트는 여대생부터 귀족 부인들까지 누드모델로 세운 다음에 화룡점정을 찍듯 여성의 중요 부위에 방점을 찍는 것으로 소문이 나 있었다. 그러나 찐득한 회색 물감이 내장되어 있는 몽당붓을 모델의 몸에 찔러 넣은 화가도, 캔버스가 되어준 모델도 하나같이 입이 무거웠다. 클림트 사후에 14명의 여인들이 낳은 아이를 데리고 유산 확보를 위한 소송을 제기했으나 단 한 명만 인정받은 것으로 알려져 있다.

고야가 그린 걸작의 명제는 「옷을 벗은 마야」와 「옷을 입은 마야」다. 앙드레 말로는 "이 그림은 추하지 않게 에로틱하게 그린 유화"라고 치켜세우며 이렇게 말했다. "알바 공작부인의 머리칼 한 올 한 올 모두가 욕정을 불러일으킨다. 이보다 더 아름다운 것은 이 세상에 존재하지 않는다." 두 점의 명작은 스페인 마드리드의 프라도 미술관에 전시되어 있다.

내 친구 중에 드럼통에 치마만 둘러도 좋다는 바람쟁이가 있었다. 그는 하룻밤을 같이 지낸 여인의 머리칼을 수집하는 별난 취미를 가지고 있었다. 그 머리칼을 작은 유리병에 넣고 날짜와 이름을 기록해 둔다고 했다. "왜 그러느냐."고 물었더니 병마개를 열면 여인의 체취가 맡아지며 그러는 순간 그녀를 만났던 추억이 모락모락 연기처럼 피어오른다고 했다. 별난 놈!

고야는 사교모임에서 가끔씩 알바 부인과 스치며 지나쳤다. 그는 너무나 아름다운 공작부인을 보고 말 한마디 건네지 못했는데 어느 여름날 그녀가 아틀리에로 찾아왔다. 용건은 "얼굴 화장을 좀 해 달라."는 것이었다. 고야는 53세, 부인은 35세였다. 몇 번의 화장이 키스로 이어지고, 그 키스는 나체 모델이 되었다가 은밀한 사이로 너무나 쉽게 진행되었다.

모든 일들이 그렇듯이 뭔가 풀리기 시작하면 찬스가 오기 마련이다. 둘이 서로 만나기 시작하고 1년이 지났을까 공작부인의 코뚜레를 쥐고 있던 남편이 부실한 건강 탓으로 불귀의 객이 되고 말았다. 장례를 치르고 난 뒤부터는 고야를 만나기만 하면 홀딱 벗어버린 채 앉기도 하고 눕기도 하고 자유자재였다. 고야는 남들이 탐내는 용모에 멋진 몸매의 돈 많은 귀족 부인이 공짜 모델로 미끄러지듯 안겨들었으니 그야말로 횡재 중의 횡재였다.

하루는 상복을 입은 공작부인을 그리는데 손가락에 두 개의 반지를 끼고 있었다. 하나는 남편 이름인 알바를, 다른 하나는 연인 고야의 이름을 새긴 보석 반지였다. 고야는 공작부인을 만날 때마다 두 가지 욕심을 한꺼번에 채울 수 있었다. 첫째는 남성의 최대 로망인 성욕 충족, 둘째는 멋진 모델에게서 빚어낼 수 있는 창작욕이었다.

공작부인의 화려 영롱한 몸매는 누드모델로선 최상품이었다. 고야는 공작부인을 만날 때마다 자리부터 펴라고 했는지, 아니면 포즈부터 먼저 취하라고 했는지 그건 알 수 없지만 엄청나게 많은 누드화를 그렸다. 가난했던 반 고흐는 말라깽이 창녀 크리스틴을 모델로 그림을 그리려면 하루에 1프랑을 줘야 했는데 고야는 모델료 공짜에 몸은 덤이었으니 정말로 복 많은 중늙은이였다.

그러나 고야와 알바의 사랑도 오래가지는 않았다. 바람기 많은 공작부인은 상대를 자주 바꿔야 살맛이 나는 체인징 파트너의 주인공이다. 알바의 새 연인은 코넬이란 나이가 지긋한 장군이었다. 이번에는 가슴팍과 어깨를 장식하는 번쩍이는 계급장과 훈장에 매료된 듯하다. 공작부인은 고야의 품을 떠나면서 일말의 양심은 있었는지 그의 아들 하비에르에게 연 3,500레알

프란시스코 고야, **옷을 벗은 마하**, 1979~1800년경, 캔버스에 유채, 98×191cm

프란시스코 고야, **옷을 입은 마하**, 1805년경, 유화, 캔버스에 유채, 95×190cm

을 주도록 유언장에 명시해 두었다.

고야의 부인 호세파가 세상을 떠나자 그는 마드리드를 떠나 만사나레스 강변으로 거처를 옮겨 만년을 강물과 구름에 자신의 덧없는 인생을 실어 보내기로 했다. 여기에서 고야는 레오카디아란 여인을 만나 촛불의 심지가 마지막에 큰 불꽃을 올리듯 동강 난 사랑에 불을 지핀다.

그녀는 상인의 부인으로 바람을 피우다 이혼당한 여인이었다. 해가 서산으로 기울 무렵이긴 하지만 로사리토라는 딸을 사랑의 결실로 얻었다. 1824년 스페인이 내란에 휩싸여 나라가 어지러워지자 고야는 레오카디아와 딸을 데리고 프랑스로 피신해 보르도에 정착한다. 고야는 그곳에서 편안하고 행복한 나날을 보내다가 1828년 4월 16일 82세의 나이로 하늘의 부름을 받는다.

85세인 공작부인은 환갑을 갓 넘은 사회안전보장국 하급 관리인 알폰소 데이스와 결혼식을 올렸다. 그녀는 결혼을 반대하는 6명의 자녀와 8명의 손주들의 입을 막기 위해 자신의 재산 35억 유로(한화 5조 6천억 원)를 배분하고 고야, 무리요, 벨라스케스, 렘브란트, 루벤스의 명화를 비롯하여 소유하고 있는 고성과 저택까지 골고루 나누어 주었다.

공작부인은 스페인에서 최고의 부호였으며 처칠 수상과 웨일즈 공주, 다이애나 비 등과 먼 친척으로 보석이 박힌 황금 수저(blue blood)를 물고 태어난 행운아였다. 토지와 저택뿐 아니라 『돈키호테』 초판본, '미국의 첫 번째 지도', '교회 안에서 무릎을 꿇지 않을 특권 증서', '세빌라 성당에서 말을 타고 다닐 수 있는 권리' 등 돈으로 따질 수 없는 보물들을 엄청나게 많이 소장하고 있었다. 공주보다 나이가 적은 신랑 알폰소는 결혼하면서 부인의 재산에 대한 포기 각서까지 썼다는데 정말 그랬을까. 그의 꿍꿍이속은 들여다보지 않아도 '눈 감고 아웅'이 아닐까.

세월이 흘러 150년 뒤 17대 알바 공작은 한참 윗대 할머니인 13대 알바 공작부인의 묘를 파헤쳐 보기로 결심했다. 고야가 그린 「옷을 벗은 마야」의 모델이 알바 가문의 할머니가 아니란 걸 증명하기 위해서였다. 결론은 '공작부인이 모델이었을 가능성이 없지 않다.'는 불분명한 해답으로 끝이 났다. 어느 법의학자는 컴퓨터를 동원한 생체정보 분석 결과 "공작부인이 아니라 스페인 재상이었던 임마누엘 고도이의 애첩 페피타 투도에 훨씬 가깝다."는 답을 제시한 적이 있다. '옷을 벗은 마야가 누구인가란 의문은 저승에서 하나님을 그리고 있을 고야에게 물어보면 당장 알 수 있을 텐데. 아무도 저승에 다녀올 사람이 없다.

여자보다 그림을 사랑한

조지프 말로드 윌리엄 터너

Joseph Mallord William Turner

영국에서 가장 위대한 화가, 이탈리아의 태양을 사랑한 풍경화가, 평생 총각으로 미망인과 살았던 괴짜 화가, 프랑스 인상파 화가에게 크게 영향을 끼친 영국 인상파 화가, 윌리엄 터너(1775. 4. 23. ~ 1851. 12. 19.)가 바로 주인공이다. 이발사의 아들로 태어났으나 어머니가 정신병으로 일찍 죽고 누이마저 숨지자 외삼촌 집에 얹혀 외로운 어린 시절을 보냈다.

 그는 어린 시절부터 소묘를 그리기 시작하자 아버지가 아들의 작품을 가게 유리창에 전시하여 사려는 사람에게는 팔기도 했다. 15세 때 왕립학회에 낸 작품 한 점이 전시되자 그때부터 천재 화가로 알려지기 시작했다. 18세에 개인 화실을 냈으며, 그 해에 왕립협회 준회원, 27세에 정회원이 되었다.

'될성부른 나무의 떡잎' 같았던 터너는 대성할 기미를 일찍부터 보였다.

터너는 왕립학회의 정회원이 되고 나서 시야를 넓히기 위해 바로 유럽여행을 떠났다. 그는 바다와 하늘에서 일어나는 다양한 효과들을 관찰하고 연구했다. 그가 느낀 남국의 태양은 바로 자신의 꿈이자, 시였다. 그가 생존했던 시대의 사조는 이상적이고 영웅적인 주제에 종속된 풍경화가 대세이던 시기여서 프랑스 화가 클로드 로랭의 화풍을 따르려 했다. 그러나 강렬하고 현란한 색채를 좋아하는 터너의 입맛에는 맞지 않았다.

터너는 그림을 그리기 위해선 끊임없이 자연을 관찰하고 연구해야지 상상력에 의존해선 안 된다고 생각했다. 그는 인위적으로 그림을 그리기보다는 화면에 등장하는 소재들이 역동적인 에너지에 의해 모습을 드러내는 자연을 그대로 베끼든가 보이는 대로 옮기는 것을 싫어했다. 그는 폭풍우 속의 파도나 폭포의 포말, 눈보라 치는 바람을 그릴 땐 보는 이들이 이해하도록 그려선 안 되며 그 장면의 느낌을 화폭에 담아야 한다는 것이 그의 지론이었다. 눈에 보이는 자연이 아니라 느끼는 자연을 그려야 한다는 것이다.

그는 바람, 구름, 안개, 증기 등 화면에 전개된 빛과 색채의 운동과 발산하는 강한 에너지에 더 많은 비중을 두고 그림을 그렸다. 그래서 해변의 모래밭에 강하게 내리쬐는 햇빛 때문에 앞이 보이지 않을 땐 미리 경험한 기억의 빛깔을 그리지 않고 눈에 보이지 않는 느낌의 빛인 하얀색으로 그렸다. 그는 자연에서 보이는 현상보다는 자연에 대한 관찰을 통해 느낄 수 있는 마음속의 의미를 화폭에 담으려 애썼다. 그는 자연에 대한 탐구를 직접 해 보기 위해 네덜란드에서 돌아오는 배의 돛대에 자신을 묶어 달라고 선원들에게 부탁하여 4시간 동안 폭풍우 치는 바다의 파도를 직접 맞으며 울부짖는 하늘의 굉음을 몸소 체험한 적이 있다.

터너는 1870년 보불전쟁이 터져 프랑스에서 영국으로 피난 온 모네, 피사로, 바지유 등 인상파 화가들에게 자연을 대하는 자신의 느낌을 화폭에 담을 때의 방법을 소상하게 설명해 주었다. 이미 그는 고전주의에서 자연주의와 낭만주의를 넘어선 이름 지을 수 없는 경지에 도달한 것이다. 자연의 위대한 힘을 온몸으로 느끼기 위해 이탈리아, 프랑스, 스코틀랜드, 플랑드르 지역까지 여행하며 많은 풍경화를 그렸다.

그는 여행을 끝내고 집으로 돌아오면 작업 중엔 아무도 보지 못하게 문을 꽁꽁 닫아걸었다. 그것은 마치 부안의 내소사를 창건할 때의 설화를 닮았다. 대웅보전을 지어놓고 단청을 할 때 일을 맡은 나그네가 "내가 끝내고 나올 때까지 누구도 들여다보지 마라." 방정맞은 동자승이 그만 못 참아 뚫어진 창구멍 사이로 속을 들여다보았다. 이쁜 새 한 마리가 부리에 문 붓으로 제 몸의 물감을 묻혀 곱게 단청해 나가고 있었는데, 사람 기척에 아앙! 소리치며 떨어져 사지를 뻗고 늘어지는 걸 보니 그건 한 마리 불호랑이었다. 중들은 내생에나 소생하라고 절 이름을 내소사라 지었다고 했다.

터너가 문 닫고 작업할 적에 문구멍으로 들여다보는 사람은 없었지만 그림을 사러 온 사람이 노크를 해도 내다보지 않고 그림을 팔지도 않았다. 아마 어머니와 누이가 저승으로 떠나버린 후의 외로움을 홀로 이겨낸 어린 시절의 아픔이 그를 외톨이 성격으로 만들지 않았나 싶다. 법당 바닥에 패대기쳐진 호랑이 운명이나 달빛조차 못 들어오는 빈방에서 고독을 씹고 있는 화가 팔자나 그게 그건가 싶다.

터너는 나이가 들수록 기벽이 심해진 기인이 되어 갔다. 몇 달씩 종적을 감추기도 했으며 여행을 가도 항상 혼자였다. 전시회를 열 때 집요한 설득에 못 이겨 그림 몇 점을 팔고는 며칠 동안 우울해했다. 터너는 여자가 있는 가정보다 그림을 더 사랑한 사람이다. 집에는 가정부 겸 비서이자 애인인 한나 댄비란 여성이 있었다. 그 여자 외에 숨겨 둔 정부 새라와 두 딸이 있었지만 별 관심이 없었다.

터너의 마지막 개인전이 열리고 있는 어느 날 갑자기 모습을 감추고 소식이 없었다. 집사가 여러 군데 찾아다닌 끝에 그가 태어난 첼시 인근의 해변 마을 마게이트 어느 집에 숨어 있는 터너를 발견했다. 그는 이 집에서 5년 동안 살았으며 동네 사람들은 그가 화가인 줄 모르고 '부스 선장' 또는 애칭인 '퍼기'로 불렀다. 이 집의 주인 여자는 두 번 이혼 경력이 있는 성격이 활달한 소피아 부스였으며 터너의 마지막 정부였다.

발견 당시에는 오래 병을 앓아 극도로 쇠약한 상태였으며 손쓸 겨를도 없이 다음날인 1851년 12월 19일 숨졌다. 임종 시 남긴 말은 "태양은 신이다."(The sun is GOD.)였다. 터너의 임종게는 태양과 바다를 사랑한 그에게 딱 들어맞는 말이다. 그는 '퇴락하고 있는 화가들'(decaying artists)로 불리던 불우한 화가들을 위해 14만 프랑의 유산을 쾌척하고 떠났다.

터너는 자신의 미술관을 나라에서 세워주겠다는 조건에 합의하고 19,000점의 소묘와 수채화, 그리고 수백 점의 유화를 기증했다. 전시회를 열 때 그림을 팔지 않은 이유도 자신의 작품을 한곳에 모아두기 위해서였다. 그의

• 조지프 말로드 윌리엄 터너 •

윌리엄 터너 **자화상**, 1799, 캔버스에 유채, 74.3×58.4cm

작품은 테이트 브리튼 미술관 11개 전시실에 나란히 진열되어 있다.

사람마다 보고 싶은 그림이 있다. 프랑스 영화 「퐁네프의 연인들」의 여주인공 미셸(줄리엣 비노쉬 분)은 흐려져 가는 시력을 상실하기 전에 루브르박물관에 걸려 있는 렘브란트의 자화상을 꼭 보고 싶었다. 그녀는 미술관 입장을 도와줄 노인에게 몸을 허락하는 대가를 치르고 노인의 어깨 위의 목마 자세로 화가의 자화상을 손으로 만지면서 애절하게 쳐다보았다. 영국 국보 화가 터너도 자국에만 그림을 가둬 둘 것이 아니라 루브르와 오르세 등 세계 유명 미술관에 「자화상」을 비롯하여 「전함 테메레이르호」, 「항구 앞바다의 눈보라」, 「안개 속의 해돋이」 같은 명작들을 분산 전시했더라면 눈이 보이지 않는 또 다른 '미셸'들에게 마음의 눈을 밝게 해 주었을 텐데. 「퐁네프의 연인들」을 다시 한번 보고 싶다.

쇼팽과 연인 상드의 초상

외젠 들라크루아

●

Eugène Delacroix

외젠 들라크루아(1798. 4. 26. ~ 1863. 8. 13.)는 프랑스 낭만주의 예술의 대표로 꼽히는 화가다. 그는 쇼팽과 그의 연인 조르주 상드의 친구로 그들 사이에 있었던 많은 이야기를 알고 있었다. 그는 피아노를 치고 있는 쇼팽과 그 옆에 다소곳이 앉아 사랑의 눈길로 연인을 쳐다보고 있는 상드를 그려 명화 반열에 올린 화가였다. 그 그림은 원본 그대로 보관되지 못하고 절반으로 잘라져 유통되었다는데 참으로 안타까운 일이다.

쇼팽과 상드가 화가인 들라크루아를 만나게 된 것은 두 연인이 지중해의 섬 마요르카로 애정 도피행각을 떠나기 불과 몇 개월 전이었다. 상드는 쇼팽의 귀족적 용모와 음악의 천재성에 끌려 먼저 사랑을 고백하기에 이르렀고 첫 키스 후 깊은 관계로 발전했다. 상드는 친하게 지내고 있는 화가 들라크루아에게 이 사실을 솔직하게 털어놓았다. "신이 당장 내게 죽음을 내리더라도 불평하지 않겠어요. 지난 3개월 간 겪은 온전한 황홀감을 경험한 것이 너무 소중하니까요."

상드가 쇼팽을 사랑하고 있다는 고백을 듣고 들라크루아는 창작욕이 발동하여 두 연인이 가슴 속에 품고 있는 지극한 사랑을 화폭에 옮기고 싶어 했다. 연인들의 승낙을 얻어 그림 그리기를 끝내자 그들은 도망치듯 마요르카섬으로 떠났다. 이때가 1838년 가을이었다.

상드는 아들 모리스와 딸 솔랑즈와 함께 발데모사 수도원에 거처를 정하고 쇼팽과는 본격적인 동거에 들어갔다. 수도원의 시설과 모든 여건은 좋지 않은 데다 특히 동네 사람들의 비난과 질시가 아주 심했다. 게다가 우기가 닥쳐오자 폐결핵 환자인 쇼팽의 건강이 극도로 나빠져 각혈을 자주 했다.

상드는 수도원의 열악한 환경 속에서 비가 퍼붓는 밤낮을 견디느니 자신의 고향인 햇살 두꺼운 프랑스 중부의 시골인 노앙으로 거처를 옮기면 어떨까 하고 심각하게 고민하고 있었다. 상드의 행실을 잘 알고 있는 사람들은 연인과 함께 자취를 감춰버리자 입에 담지 못할 험담을 퍼부었다. 과도한 남성 편력과 과시욕이 지나친 의상과 태도 그리고 그녀가 쓴 첫 소설 『앵디아나』(Indiana)가 많이 팔리긴 했지만 그 이후엔 이렇다 할 작품을 쓰지 못한 B급 작가라고 까 내리기 시작했다. 그중에서도 보들레르와 니체는 상드의 얘기가 나오기만 하며 대놓고 욕을 했다.

쇼팽은 수도원의 환경이 만족스럽지는 못했지만 상드에게서 진정한 사랑을 느꼈으며 모든 것을 그녀에게 의지하면서 철부지 아이처럼 행동할 때가 많았다. 어쩌면 마요르카 시대는 쇼팽의 전성시대라 할 만치 24개의 전주곡과 OP. 45의 올림 다단조 한 곡, 작품 번호가 없는 내림 가장조 한 곡 등 모두 26개를 작곡했다. 그중에서도 15번 「빗방울 전주곡」이 가장 많이 알려진 유명한 곡이다.

상드가 약과 식료품을 구하기 위해 팔마 읍내로 나간 사이에 굵은 빗방울이 수도원 지붕에 떨어졌다. 상드를 기다리다 지친 쇼팽은 빗소리를 피아노로 받아 적었다. 빗방울 속에는 자신이 앓고 있는 결핵에 대한 두려움과 초조 그리고 상드를 기다리는 사랑과 연민 등 온갖 감정이 함께 녹아내렸다. 곡 전체를 통해 빗방울처럼 들리는 A-flat 음이 주조를 이루는 가운데 2부로 넘어가면 폭우가 쏟아지는 듯한 격렬한 음들이 쇼팽의 피아노 건반 위에 쏟아졌다. 장엄하고 처절했다.

상드의 회고록에는 그날의 감회가 이렇게 적혀 있다. "나는 그의 상태가 좀 나아지는 것을 보고 약과 식료품을 사기 위해 아들과 함께 팔마 시내로 나갔다. 비가 내리기 시작하더니 갑자기 불어나 물이 급류로 변했다. 길을 돌아서 6시간 걸려 한밤중에 도착했을 때 쇼팽은 절망에 빠진 표정으로 빗방울 전주곡을 연주하고 있었다. 집에 들어서자 그는 큰 소리로 외쳤다. "아, 나는 당신이 죽었다고 생각했어요."

드디어 상드는 가족을 데리고 1839년 6월 꿈에 그리던 고향인 노앙에 도착했다. 쇼팽이 불편하지 않도록 집을 새로 꾸미고 고급 플레엘 피아노를 새로 들여놓았다. 쇼팽의 건강을 위해 의사를 불러 검진을 받게 했다. 규칙

외젠 들라크루아 **민중을 이끄는 자유의 여신**, 1830년, 캔버스에 유채, 260×325cm

적인 식사와 충분한 휴식을 취하면 증상이 완화될 것이란 진단을 받았다. 쇼팽은 들판을 걷거나 햇볕 바라기를 하면서 떠오르는 악상을 부지런히 오선지에 적어 나갔다.

마요르카에서 작곡한 전주곡들은 다소 어둡고 무거운 느낌이 들지만 노앙에서의 곡들은 밝고 가벼웠다. 소나타 2번 b플랫 단조와 소나타 3번 b단조가 노앙에서 작곡한 것이다. 딸 솔랑즈는 일상이 무료해지면 말을 타고 들판을 달렸으며 돌아오면 식사를 하며 온갖 얘기들을 나눴다. 쇼팽은 가족들 옆에서 작곡한 곡을 피아노로 들려주었고 상드는 자신이 쓴 글을 읽어주는 이른바 산문 낭송회가 피아노 반주로 열리는 아름다운 공연 현장이었다.

상드는 16세 때 지방 귀족인 뒤드방 남작과 결혼했다. 아이 둘을 낳고 한참 살다 보니 이게 아니다 싶었다. 상드는 남편을 과감하게 차 버리고 예술의 도시, 패션의 도시 파리로 진출했다. 시골 영주의 안주인으로 굴곡 없는 삶을 무의미하게 산다는 것은 그녀의 기질에 맞지 않았다.

그녀는 노앙의 하늘 아래에서 이렇게 환상적인 시간을 사랑하는 연인과 아이들과 함께 보내는 것이 훨씬 좋다고 생각하고 있었다. 때론 장거리 원족에 나설 때는 여러 날이 걸렸다. 집에서 창문 너머로 보이는 앵드르강을 따라 계곡과 성터 그리고 아름다운 폭포를 찾아갈 때 쇼팽은 당나귀를 타고 갔으며 건초더미에서 잠을 자기도 했다. 환자인 쇼팽은 더러 피곤을 느끼기도 했지만 자연 속의 즐거움에 취해 자신이 환자란 사실을 잊고 있었다.

상드는 쇼팽을 위해 친구인 폴란드 출신 그셰마와를 초대했다. 고향이 같은 두 사람은 폴란드어로 얘기를 나누면서 즐거워했고 당구를 치거나 산책에 나설 때도 있었다. 또 마요르카섬으로 떠나기 전 두 연인의 초상화를 그려준 낭만파 화가인 외젠 들라크루아도 자주 노앙으로 초대했다. 들라크루아는 상드의 가족뿐 아니라 동네 여인들을 장미 향이 풍기는 정원에 모델로 세워 그림을 그릴 때는 쇼팽의 피아노 소리가 잔디에 깔려 그야말로 신의 정원과 같은 풍경을 연출했다.

   노앙에서 즐긴 두 연인의 사랑 이야기도 그럭저럭 끝이 난다. 쇼팽은 지병이 악화되어 39세의 나이로 하늘나라로 올라갔다. 프랑스 마들렌 성당에서 치러진 장례식장에는 온종일 모차르트의 진혼곡이 울려 퍼졌으며 심장이 없는 시신은 페르라세즈 묘지에 묻혔다. 쇼팽의 심장은 유언에 따라 고국 폴란드 바르샤바 성 십자 성당에 안치되었다. 쇼팽보다 여섯 살이 더 많은 조르주 상드는 72세에 운명했다. 천국에서 「빗방울 전주곡」을 연주하며 그녀를 기다리는 쇼팽 곁으로 훨훨 날아갔다. 젊은 나이에 죽은 쇼팽이 33년 만에 찾아온 주름살 할망구 상드를 못 알아보면 어쩌나, 틀림없이 못 알아봤을 거야.

이발소 그림 「만종」
장 프랑수아 밀레

Jean-Francois Millet

　아름다운 종소리는 그림이 되고 음악도 된다. 장 프랑수아 밀레(1814. 10. 4. ~ 1875. 1. 20.)의 「만종」을 보면 왜 그림이 음악이 되는지를 쉽게 알 수 있다. 저녁놀이 지는 들판에서 농부 부부가 고개를 숙이고 간절한 기도를 드리고 있다. 교회의 첨탑에서 울려 나오기 시작한 종소리는 붉게 물들어 있는 하늘 아래 들판으로 퍼져 나간다.

　종소리는 시원始原은 있어도 종미終尾는 없다. 소리가 들리지 않는다고 그 소리가 소멸되는 것은 아니다. 영구불멸이 대개 종소리와 맥을 같이하는 것은 아닐까. 밀레의 「만종」을 보고 있으면 나른하게 퍼져오는 낮으면서 깊은 종소리를 분명하게 들을 수 있다. 그것이 밀레 그림의 매력이다.

「만종」에서 울려오는 종소리는 화면 밖으로 튀어나가 돌아오지 않는다. 이때부터 종소리는 화폭에 머물지 않고 음악으로 바뀐다. 밀레는 어릴 적 뛰놀던 고향을 사랑하는 마음과 그 사랑이 빚어낸 풍부한 색채 그리고 이곳 주민들의 순박한 마음씨를 한데 어울러 「만종」이란 종소리를 만들어 냈다. 「만종」 풍경은 이 고장 사람들의 생활이자 밀레 자신의 삶이기도 하다.

성당 바로 밑 동네에 나의 고향 집이 있었다. 엎어지면 코 닿을 지근의 거리에서 울리는 성당의 종소리는 유난히 청아하고 맑았다. 그 종소리는 탱자나무 울타리와 초가지붕 몇 개를 뛰어넘어 감나무가 숲을 이루고 있는 우리 집을 한 바퀴 돌아 고샅으로 빠져나갔다. 종소리 끝머리의 질질 끌려가는 것 같은 낮은 여음은 마음을 맑게 해주는 청량제 구실을 해 주었다.

이른 아침 통근 열차를 타기 위해 역으로 뜀박질을 할 때와 저녁 밥상머리에 둘러앉아 있으면 삼종 소리가 울려 퍼졌다. 내가 다니는 교회의 새벽 종소리는 소리가 맑지 못해 전혀 음악적이 아니었지만 성당의 삼종 소리는 유난히 여운이 긴 아름다운 음색을 지니고 있었다.

우리 동네 이발소의 거울 위에는 두 개의 그림이 붙어 있었다. 하나는 「만종」이었고, 다른 하나는 「백조의 호수」였다. 머리를 깎다가도 성당의 삼종 소리가 은은하게 울려 퍼지면 실눈을 뜨고 부부의 기도하는 모습을 쳐다보았다. 종소리는 그림 속 지평선 끝에 있는 교회의 첨탑에서 울려왔다.

「만종」을 그린 밀레는 노르망디의 작은 마을 그뤼시에서 농부의 맏아들로 태어났다. 이곳은 넓은 들이 지평선으로 닿아 있는 전형적인 농촌 지역이었다. 그는 농사일에는 관심이 없었으며 꼬챙이를 쥐고 맨땅에 눈에 보이는 것을 무작정 그려댔다. 아버지가 그림이 재능이 있다는 걸 알고 일찍부터 그림 수업을 받게 했다.

밀레는 처음부터 「만종」, 「이삭줍기」, 「씨 뿌리는 사람들」과 같은 넓은 들판 속에서 노동하는 사람들을 그리지 않았다. 먹고살기 위해서 초상화를 주로 그리다가 늦게 풍속화를 그리기 시작했다. 그는 프랑스의 유명화가들이 득실대는 살롱전에 작품을 보냈으나 퇴짜를 맞고 세르부르로 돌아가 초상화 가게를 열었다.

밀레는 1841년 비르지니 오노란 아가씨와 결혼했으나 생활이 어려워 파리로 나와 간판과 초상화를 그려 생계를 꾸려 나갔다. 2년 뒤 또다시 살롱전에 낙방하고 아내가 결핵으로 사망하자 다시 낙향해야 했다. 그는 카트린 르메르란 여인을 만나 르아브르에서 동거하다 결혼식을 올렸다. 그는 파리로 돌아와 자신의 전기 작가이자 일생 동안 후원자가 된 알프레드 상시에를 만나 어려웠던 생활이 풀리기 시작했다.

1947년 처음으로 살롱전에 뽑혀 성공적인 전시회를 열었다. 다행스럽게도 정부에서 「곡식을 키질하는 사람」이란 작품을 구입키로 결정하여 이때부터 명성과 재력이 뒷받침되어 9명의 자식을 키우는 데 부담을 느끼지 않았다. 우리 동네 이발소에 밀레의 「만종」이 붙어 있지 않았다면 종소리의 매력을 느끼지 못하고 청춘을 허비할 뻔했다. 밀레의 「만종」은 그림의 아름다움보다 종소리의 그윽한 청아함이 나를 미치게 만든다.

고향을 떠나온 후 그림이 생각나 그걸 구하려고 짬을 내 고향으로 가 봤지만 이발소 자리는 「만종」을 데불고 사라진 지 오래였다. 「만종」이야 화랑

장 프랑수아 밀레 **이삭 줍는 사람들**, 1857년. 유화, 캔버스에 유채, 83.6×111 cm

에서 복사본을 구할 수도 있겠지만 아무래도 내 고향 이발소의 유치찬란하면서도 융숭투박한 그림만 못할 것 같아 갖고 싶은 욕심을 접고 말았다.

나이가 들고 세월이 깊어지면서 종소리에 집착하게 된다. 어릴 적에 들었던 사무치게 그리운 그런 종소리는 요즘은 들을 수가 없다. 새벽 기도에 나오라는 교회당의 종소리는 아침잠을 방해한다는 이유로 금지된 지 오래다. 성당의 삼종 소리도 무슨 이유에선지 끊긴 지 한참 되었다. 악기에서 어쩌다 종소리를 닮은 '댕댕댕'하는 소리가 들릴 때마다 화들짝 놀라지만 그건 종소리가 아니었다.

러시아 민요 중에 「저녁 종소리」, 「트로이카의 작은 종」, 「종소리는 단조롭게 울리고」 등 종소리에 관한 것들이 많다. 큰맘 먹고 종소리를 사러 시중 서점에 나가 CD를 다 뒤져 봤지만 내가 원하는 종소리는 구할 수가 없었다. 대신에 「코사크인 막심」, 「트로이카」, 「12명의 도둑 이야기」가 들어 있는 음반 하나를 겨우 살 수 있었다.

"저녁 종! 저녁 종! 얼마나 많은 생각이 떠오르는지/ 어린 시절 고향/ 내가 사랑하던 아버지 집이 있던 곳/ 난 저녁 종과 영원히 이별했네"라는 아주 낮은 저음으로 노래하는 「저녁 종소리」를 듣고 싶었는데 나의 기도는 아직 하늘에 닿지 못했다. 러시아인이 아닌 이방인들도 이 곡을 들으면 고향의 향수에 젖어 든다는데 불원간에 그런 날이 오겠지.

종소리가 듣고 싶을 땐 아직도 삼종을 치고 있다는 서귀포 성당으로 달려갈 수가 없어 컴퓨터를 열고 솔렘 수도원의 종소리를 듣는다. 검은 옷에 검은 테 안경을 쓴 늙은 수도사가 줄을 당기는 종소리를 듣고 있으면 귀와 눈이 열리고 마음까지 맑아진다. 홍수 지는 날 강변의 모든 쓰레기가 깨끗하게 실려 나가듯이 마음속의 묵은 때를 수도원의 종소리로 말끔하게 씻어낸다.

'뎅 데엥 데에엥….' 종소리가 울려 퍼질수록 그리움이 익어간다. 계절이 깊어질수록 추억이 여물어간다. 종소리가 들리면 열쇠가 없어도 시동이 걸리는 타임머신을 타고 나는 고향으로 간다.

아담의 두 번째 마누라
귀스타브 쿠르베

●

Gustave Courbet

    취미로 미술 공부를 하면서 동서양의 그림을 많이 보았다. 여인의 발가벗은 누드화도 물릴 만큼 봐온 터여서 아무리 오래 들여다보아도 아무런 감흥이 일지 않는다. 지금부터 이야기할 화가를 귀스타브 쿠르베(1819~1877)로 정하고 여기저기를 뒤적거리다 보니 여태까지 상상도 할 수 없었던 기상천외한 누드가 눈앞에 펼쳐졌다. 깜짝 놀랐다.
    간략하게 설명하면 누드이긴 한데 몸통의 윗부분과 허벅지의 중간 부분에서 다리까지 잘려나간 몸뚱어리만 그려져 있었다. 이렇게 치명적인 위태로운 그림은 난생처음 보는 것이어서 섬뜩할 정도였다. 쿠르베는 토막으로 잘라내 버린 누드화의 제목을 「세계의 기원」이라 명명했다. 그것은 여인의 뱃속에서 태어날 생명체의 고향을 새로운 에덴으로 설정한 것 같다. 에덴동산의 이브가 아담의 첫 부인이라면 이 그림 속의 여인은 아담의 두 번째 마누라쯤 되지 않을까 싶다.

그림 속의 여인은 왼쪽으로 약간 돌아누운 포즈인데 좌측 유방은 흰색 홑이불에 감추어져 있고 우측 젖가슴만 살짝 드러내고 있다. 배꼽 밑의 성기는 역삼각형의 짙은 수풀에 가려져 육감적 아름다움을 은근하게 내뿜고 있다. 아랫배는 임신 삼사 개월쯤 될 법한 도톰한 정도여서 누드를 감상하는 이들에게 은근하게 구미를 돋워주고 있다.

이 그림은 1866년 터키 외교관인 주 아테네 대사 칼릴 베가 파리에 살 때 자신이 소장하고 있는 에로틱 컬렉션에 누드 한 점을 추가하기 위해 사실주의 화가 쿠르베에게 주문한 것이다. 크기는 45×55cm로 소품에 해당하지만 세월이 가면 갈수록 대작의 몇 배가 되는 관심과 소문을 불러일으킨 문제작이다.

칼릴 베는 그림을 가릴 작은 커튼을 액자 위에 덮고 화장실에 보관하면서 입소문을 내지 않을 친구에게만 살짝 보여주곤 했다. 그는 2년 뒤 도박 빚에 쪼들려 그림을 골동 상에게 넘겼다. 여러 손을 거쳐 1910년 헝가리 소장자에게 팔려 2차 세계대전 때까지 부다페스트에 머물렀다. 「세계의 기원」은 쿠르베가 그린 '블로네 성'이란 그림으로 덧방을 치고 오랜 세월 동안 숨어 지냈다.

1955년 부다페스트 미술관에 소장 중인 것을 프랑스 정신분석학자 라캉이 매입했다. 라캉은 다시 초현실주의풍의 '에로틱한 땅'이란 그림을 덧대어

• 귀스타브 쿠르베 •

남들이 볼 수 없도록 만들었다. 라캉이 사망한 후 부인인 배우 출신 실비아 바타이가 1993년까지 보관하고 있었다. 이 그림은 라캉의 부인이 사망한 후 1994년 재정부 장관이 소장할 권리를 이양받아 오르세 미술관에 보내 오늘에 이르고 있다.

오랜 세월 동안 화장실 또는 뒷방 장롱 속에 감금되어 있던 이 그림은 1988년 뉴욕 브루클린 미술관으로 불려 나와 일반에 처음 공개됐으며 1992년 쿠르베의 고향인 프랑스 오르낭에 두 번째로 전시됐다. 19세기 중반에 그려진 귀물 중의 귀물인 「세계의 기원」은 20세기 말에 겨우 숨쉴 수 있었으니 어둠 속에 갇혀 있어야 할 팔자를 타고난 모양이다.

이 그림의 모델은 누구일까. 그동안 여러 설이 제기되었지만 아일랜드 출신 조아나 히페르만일 가능성이 가장 크다고 알려져 있다. 그녀는 쿠르베의 제자인 미국화가 제임스 휘슬러의 연인이었다. 휘슬러가 자신의 연인을 소개한 것이 연유가 되어 쿠르베는 조아나를 모델로 「아일랜드의 미인」이란 작품을 그리게 됐다.

그림을 그리는 기간 동안 정이 들었는지 그녀는 휘슬러를 차버리고 쿠르베의 연인으로 돌아앉았다. 몹시 속이 상한 휘슬러는 쿠르베와 절연하고 미국으로 떠나버렸다. 이 시기에 「세계의 기원」을 그린 것으로 알려져 그녀가 전설이 된 그림의 모델일 가능성이 매우 높은 것으로 알려져 있다.

2010년에는 어느 미술 애호가가 골동품 상점 구석에서 먼지를 뒤집어쓰고 있는 19세기 여인의 얼굴 그림을 1,400유로에 구입한 적이 있었다. 그는 여러 가지 정황적 증거를 제시하며 이 그림이 쿠르베의 「세계의 기원」이란

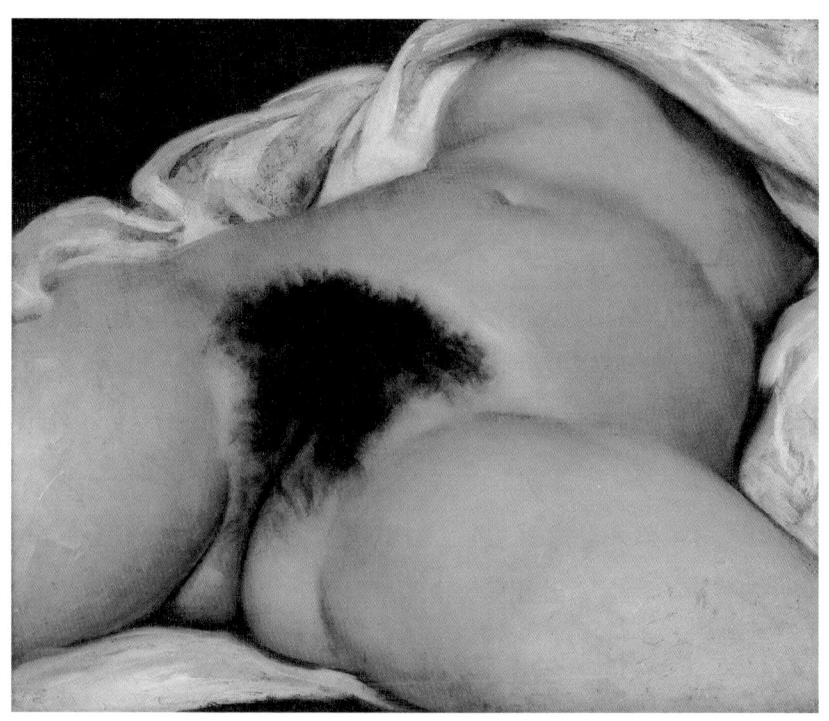

귀스타브 쿠르베 **세상의 기원**, 1866년, 유화, 캔버스에 유채, 46×55cm

그림의 얼굴 부분이라고 주장했지만 평자들이 수긍하지 않았다.

또 불과 몇 년 전에 파리 오페라극장 발레단 댄서였던 콩스탄스 크니오가 「세계의 기원」의 모델일 가능성이 높다는 주장이 나왔다. 유명 작가인 클로드 숍은 소설 「춘희」의 저자인 알렉상드르 뒤마 피스와 여류작가 조르주 상드가 주고받은 편지를 분석한 결과를 그럴싸한 의견으로 제시했다. 쿠르베의 모델이라고 알려진 히페르만의 머리칼 색깔은 붉은색인데 그림 속의 체모 색깔은 브라운이어서 그녀가 모델일 가능성은 없다는 주장이었다.

크니오는 쿠르베 생존 당시 파리에서 모델 활동을 한 적이 있었으며 은퇴 후엔 고관들만 상대하는 고급 창부로 일한 적이 있었다. 그녀는 칼릴 베의 정부였던 마리안느 데투루마이의 살롱에 출입하면서 쿠르베에게 그림을 주문한 그 외교관을 잘 알고 있다고 했다. 그녀는 나중 자선사업가로 변신하여 자신의 과거 경력을 감추고 있었다.

또 하나의 단서는 1908년 크니오가 사망한 후 유품 경매에서 쿠르베가 그린 「꽃다발」이란 그림이 발견되었다. 이 그림은 쿠르베가 「세계의 기원」이란 작품을 그릴 때 모델로 나서준 크니오에게 감사의 뜻으로 선물한 것이라고 했다. 여러 간접 증거를 제시해도 오르세 미술관 측은 인정하지 않았다.

쿠르베는 프랑슈콩테 주 오르낭 시에서 농부의 아들로 태어난 사실주의 화가다. 그는 사회주의자로 좀처럼 자신의 주장을 굽히지 않는 고집 센 화가였다. 그는 「화가의 아틀리에」, 「만남, 안녕하세요, 쿠르베씨」, 「내 화실의 내부」 등 풍경화와 「샘」, 「파도와 여인」, 「3인의 목욕하는 여인」 등 많은 누드 작품을 남겼다. 지인이 천사를 그려달라는 주문에 그는 "천사를 본 적이 없어 천사를 그리지 못한다."고 단호하게 거절한 적이 있다.

  그는 누드를 그릴 때도 윤기 나는 나신을 그리기를 거부하고 눈에 보이는 참모습만 그렸다. 심지어 마네가 침대 위에 누워있는 「올랭피아」를 그릴 때 은밀한 부분을 감춘 것을 위선이라 몰아세울 정도로 강경했다. 「세계의 기원」이란 명화는 우리나라 미술 교재에 올려졌으나 학부모들의 항의로 삭제된 적이 있다. 이제 「세계의 기원」은 세상이 바뀌어 드러낸 치부를 부끄러워하지 않고 아담의 두 번째 마누라인 척하며 오르세 미술관에 버젓이 걸려있다. 쿠르베는 58년이란 짧은 생애를 제멋대로 살다 멋지게 죽었다.

누드모델 때문에 황혼 이혼
앙리 에밍브누아 마티스

●

Henri Matisse

    일흔 나이에 이혼당한 화가가 있다. 남편의 불륜을 의심한 아내와 상처 입은 마음을 풀어주지 못한 괴팍한 성격의 남편 사이에 일어난 일이다. 주인공은 야수파 화가 앙리 마티스와 모델이자 아내인 아멜리 파레르.

    마티스는 성질이 별난 사람으로 그림을 그리는 동안에는 신경이 날카로워져 작은 소음조차 싫어했다. 아내는 아이들 셋에게 아버지가 작업하는 동안 시끄럽게 굴지 않도록 자주 타일렀다. 마티스는 붓을 들기 시작하면 묵언을 수행 중인 안거에 든 스님처럼 화실에만 틀어박혀 몇 주씩이나 출입도 하지 않았다. 아내 파레르는 작업 중에 말 한마디 걸지 않는 남편을 보필했고 성장기의 아이들을 탈없이 건사했다. 그러면서도 「마닐라 솔을 걸친 마티스 부인」, 「대화」, 「피아노 수업」 등의 작품을 그릴 땐 모델로 나서 분통 터지는 상황을 끈질기게 참아냈다.

그녀는 남편의 예술을 마음 깊이 이해하면서도 울분을 삭이는 한계를 넘지 못하고 심한 우울증을 앓고 있었다. 「대화」라는 작품을 보면 남편은 푸른색 줄무늬 옷을 입고 서 있으며 아내는 검은 옷을 입고 의자에 앉아 있으나 둘 다 입을 굳게 다물고 말이 없다. 누가 봐도 냉랭한 기운을 느낄 수 있는 이 그림의 제목을 차라리 「무언의 대화」라고 고쳤으면 싶다.

「화가의 가족」이란 작품 역시 아내와 아이들이 서거나 앉아 체스를 두고 있지만 화목한 가족 분위기는 전혀 아니다. 이 모든 것은 마티스가 저지른 악에 가까운 행동 탓이다. 아내 파레르는 자주 검은 옷을 입고 화폭에 나타나곤 했는데 이는 검은 이미지, 즉 이별과 죽음을 암시하고 있는 듯하다.

앙리 에밍브누아 마티스(1869. 12. 31. ~ 1954. 11. 3.)는 프랑스에서 태어난 야수파 화가다. 그는 법관을 목표로 법학을 공부하던 학생이었다. 맹장 수술을 하기 위해 병원에 입원 중 지루함을 달래기 위해 붓을 잡은 것이 화가 행 열차의 티켓을 끊은 것이 됐다. 마티스는 파리로 진출하여 미술공부를 하다 1904년부터 알고 지내던 피카소, 드랭, 블라맹크 등과 얼려 20세기 회화의 첫걸음에 해당하는 야수파 운동을 시작하여 중심 인물로 올라섰다.

야수파의 특징은 강한 붓질과 강렬한 색채를 선호했고 대상에 대한 고도의 간략화와 추상성을 곁들였다. 야수파 화가들은 인상파 화가들과는 달리 눈에 보이는 색채가 아닌 마음의 눈으로 보이는 색깔을 거침없이 화폭에 쓸어 담았다. 야수파 운동은 1905년부터 1907년까지 3년 동안 3번의 전시를

앙리 마티스 **모자를 쓴 여인**, 1905년, 유화, 캔버스에 유채, 80.6×59.7cm

갖는 것으로 끝을 냈지만 마티스는 끝까지 매달렸다.

그래서 야수파 사조의 대표적 화가는 마티스였으며 그가 그린 그림을 보고 충격을 받은 평론가들이 '길들여지지 않은 야수' 또는 '미치광이의 반란'이라고 손가락질을 했다. 그때부터 사람들은 마티스처럼 색깔을 무시하며 구도를 파괴해 버린 화가들을 야수파라고 불렀다. 평소에도 마티스는 색깔의 고정관념에 대해 의문을 갖고 있었다. 왜 하늘은 푸른색이며 풀은 초록이어야 하는지에 대한 해답을 얻기 위해 색깔에 대한 혁명 내지 반란의 기치를 높이 쳐들었다.

그는 아내의 초상인 「모자를 쓴 여인」을 그릴 때도 얼굴은 파란색으로 하늘은 노란색으로 그려 사람들을 어리둥절하게 만들었다. 마티스는 기존 전통을 무시하고 제멋대로 그리자 전문 모델들이 이젤 앞에 앉아 있어도 자신의 본래 모습은 온데간데없는 괴상한 얼굴로 변하자 아무도 모델로 나서기를 꺼렸다. 그러나 아내 파레르만은 남편이 시키는 대로 모델로 나서 그가 추구하는 조형 세계를 확립하는 데 도움을 주었다.

마티스는 여전히 모델 난에 허덕였다. 그는 옛 관습에 젖어 판에 박힌 포즈를 취하는 전문 모델들을 아주 싫어했다. 그는 맘에 드는 모델을 만나면 오랫동안 함께 작업하기를 원했다. 쉽게 모델을 구하기 어려운 시기에는 아내를 모델로 내세워 살롱전을 뒤흔드는 좋은 작품을 많이 그렸다.

마티스는 말년에 리디아 델렉토르스카야라는 금발에 푸른 눈동자, 긴 코와 뾰족 턱의 다소 마른 체형의 러시아 출신 모델을 만났다. 그녀는 의학을 공부하던 스물세 살 난 아가씨였다. 열아홉에 결혼했으나 우여곡절 끝에 이혼한 매우 예의바르고 똑똑한 여인이었다. 그녀는 러시아 혁명 후 니스로 피난 왔다가 마티스의 스튜디오에서 잠시 일하면서 인연을 맺게 되었다.

마티스는 지식의 폭이 넓고 대화가 통하는 그녀와 작업하면서 마음의 안정을 얻었으며 그래서 그녀를 물심양면으로 도와주었다. 피카소를 비롯한 인상파 화가 중에서 모델들과 동거 또는 연인관계로 빠져드는 경우가 허다했으나 마티스는 결코 선을 넘지 않았다고 말하지만 아내인 파레르는 그 말을 믿지 않았다.

드디어 아내는 마티스에게 리디아를 해고하라고 강력히 요구했다. 마티스도 결국 아내의 뜻에 따라 고민 끝에 해고했지만 리디아를 못 잊어 이듬해에 개인비서로 다시 채용하여 화실로 들였다. 파레르는 돌아온 리디아를 보는 순간 화가 머리끝까지 치밀어 결별을 선언하고 헤어지고 말았다.

마티스는 리디아와의 관계가 순수하다고 주장했지만 리디아가 침대 위에서 잠자는 모습인 「꿈」을 그릴 땐 아무도 얼씬거리지 못하게 했다. 또 「분홍누드」라는 작품은 리디아의 발가벗은 몸을 6개월이나 쳐다보며 완성했다고 하니 가까이 와 보지도 못한 아내의 눈에는 불똥이 튀었을 것이다.

마티스의 딸 마르그리트가 레지스탕스 활동을 하다 독일 게슈타포에 체포된 적이 있었다. 그녀는 나치수용소로 끌려가다 열차의 문이 열리는 바람에 몸을 날려 숲으로 탈출하여 구사일생으로 살아났다. 화가의 딸이 레지스탕스 활동을 하다가 잡혀간 이야기를 읽고 있으니 「부베의 연인」이란 프랑스 영화에서 레지스탕스 파르티잔으로 나오는 주인공 부베가 생각이 난다. 그는 14년 형을 받고 복역하게 되자 그의 연인 마라가 하염없는 세월을 기다리며 2주에 한 번씩 면회 가는 장면이 떠올랐다.

낡은 흑백필름에서 출발한 레지스탕스에 관한 나의 연상작용은 「부베의 연인」의 주제가를 시작으로 그리스의 아그네스 발차란 가수가 부른 「기차는 여덟 시에 떠나네」란 서러운 노래까지 불러내고 말았다. 그 노래는 레지스탕스 청년이 게릴라전이 한창인 싸움터로 떠날 때 그를 사랑하던 여성이 플랫폼 바닥에 주저앉아 울면서 부르는 기가 막히는 노래다.

아내와 헤어진 마티스는 늘그막에 병치레가 잦아 십이지장 수술 후에는 침대에 줄곧 누워 지냈다. 그는 고독한 시간을 때우는 한 방법으로 물감 대신 가위로 색종이를 오려 붙이는 새로운 기법으로 그의 예술을 이어 나갔다. 이때 마티스는 딸의 생환 이야기를 언뜻 기억해내고 색종이 작업을 할 때 레지스탕스 전사의 모습을 가위로 오려 작품으로 만들었다. 그는 색종이 작품을 「JAZZ」라는 제목으로 250부 한정판 작품집을 냈다. 재즈에 실린 이카루스란 작품은 프랑스를 점령한 나치의 비판이기도 하고 프랑스 레지스탕스 활동을 상징하는 그런 작품이다. 나중 마르그리트는 마티스 사후에 아버지에 대한 소상한 기록과 도록을 편찬해 냈으며 『화가의 가족』이란 저서를 펴냈다.

그 책의 가족사진 설명에는 '집 나간 엄마, 발가벗은 여인 앞에 앉아 있는 아빠'라고 적었을 것 같다.

창녀와 광대를 사랑한

조르주 루오

•

Georges Rouault

　길을 가다가 매춘부를 만나면 얼굴이나 체격을 보지 않고 내면의 슬픔을 읽어내고 안타까워했다. 서커스의 광대를 보고선 진한 화장 속에 감춰진 그들의 아픔을 보고 마음속에 숨겨진 영혼을 그리려고 했다. 법복을 입고 근엄한 얼굴로 죄지은 자들을 심판하는 법조인들을 보면 그들이 얼마나 공정하고 정의로운 판결을 내리는지를 의심하였다. 그가 바로 프랑스의 화가 조르주 루오(1871. 5. 27. ~ 1958. 2. 13.)였다.

　그가 그린 대상은 창녀, 서커스 크라운, 법관이 주류를 이룬다. 눈에 보이는 대로 그리지 않고 마음속에 느껴지는 것을 그렸다. 그가 그린 얼굴 윤곽선은 거칠고 투박한 느낌이지만 자세히 들여다보면 영혼의 안식을 느끼게 하는 종교적인 내면성이 있다.

　흔히 불교에서는 보이는 것보다 보이지 않는 것을 상위 개념에 두고 있다. 그래서 '와도 옴이 없고 가도 감이 없다.'는 말로 진리를 설명하고 있다. 루오의 그림을 보면 깊은 종교적 성찰의 경지를 엿볼 수 있다. 루오는 어느 날 베르사유의 콜베르 거리를 걷다가 몸을 팔아 하루를 먹고 사는 창녀들을 보고 참혹한 존재의 현실을 눈 감고 그냥 지나칠 수가 없었다.

　그는 이젤 앞에서 창녀들의 각가지 모습을 그리기 시작했다. 앉거나 서거나 뚱뚱하거나 빼짝 마른 여윈 모습도 빠짐없이 그렸다. 길가 소파에 비스듬히 기대어 손님을 기다리는 모습, 벌거벗은 채 검은 스타킹만 신고 있는 모습 등을 그렸지만 음탕하거나 추한 모습으로 그리지는 않았다. 그러나 그들의 얼굴에서 피곤하고 지친 기색이 역력하고 뭇 남자들이 거쳐 간 축 처진 몸뚱이는 가혹한 현실을 무언으로 말해 주고 있었다.

　당시 유럽은 갑자기 밀어닥친 산업화로 농촌 인구가 도시로 밀려오면서 엄청난 빈곤층이 형성되었다. 일자리에서 밀려난 여성들은 가족의 생계를 위해 몸을 팔아야 했으며 가난에 겹친 성병으로 고통을 받아야 했다. 루오가 그린 매춘부들의 모습은 잔뜩 화가 나 있거나 불안에 떨고 있는 마음속의 고통을 화면에 옮긴 것이다. 그래서 루오는 그녀들의 아픔에 공감하기 위해 원래의 모습을 버리고 거칠게 표현함으로써 그들의 반항심을 붓끝으로 분출시켰다.

　미술사가 드리발은 "매춘부를 그릴 때 루오는 죄 많은 여인이 풍기는 전율할 향기에 취하는 것이 아니라 그녀들과 함께 죄에 울고 더불어 괴로워하는 것"이라고 말했다. 루오는 "세리와 창녀들이 너희보다 먼저 하나님의 나라에 들어간다."는 성경말씀의 의미를 깨닫고 매춘부들이 이렇게 많이 범람함은 세상이 혼란에 빠진 전조이자 징표임을 알아차렸다.

루오는 창녀들이 당하는 고난과 고통은 남자들의 욕정과 탐욕에서 희생된 것이라고 판단, 짓밟힌 희생자들을 그림으로 그리는 것은 사회현상을 고발하는 하나의 형태라고 생각했다. 그는 매춘부들을 그릴 때 그녀들을 풍자하거나 조롱하지 않았으며 억울해하는 슬픈 얼굴로 그렸다. 발터 니그는 "루오가 그린 창녀 그림은 종교적 예술품에 속하는 성화"라고 말했다. 그는 "이런 그림들은 '현대의 성화'라고 불러야 하며 동방정교회의 밝은 성화의 반대되는 어두운 성화지만 죄 많은 세상 한가운데 하나님께서 가까이 계시다는 것을 말하고 있는 성화"라고 말하고 있다.

루오는 "어두운 그림들은 야밤에 부르짖는 절규이며 내 자신도 모르게 새어 나오는 울음소리와 같은 것"이라며 "나는 구세주로서 십자가에 매달린 그리스도를 믿는다."고 선언했다. 그는 생애를 마칠 때까지 뜻을 굽히지 않았다.

루오는 창녀 다음으로 광대들에게도 따뜻한 애정을 보냈다. 짙은 화장 뒤에 감추고 있는 그들의 슬픔을 보고 울고 있는 영혼을 작품으로 그려냈다. 관객들을 웃겨야 하는 것이 그들의 소임이지만 그들의 비극적 처지가 삭막한 세상에서 몸부림치는 현대인을 닮았다고 생각했다. 그는 "광대는 바로 나였고, 너도 광대였다. 어쩌면 우리 모두가 광대인지도 모른다."고 말한 적이 있다.

조르주 루오 **재판관**, 1935년, 과슈화, 과슈, 90×118cm

머리가 아닌 가슴으로 그림을 그린 루오에게 어릿광대는 하나의 은유이거나 상징이었다. 루오가 거칠고 어둡게 표현한 광대들은 하나같이 상처 입은 존재들이었다. 이 사회의 낮은 곳으로 내려간 루오는 그곳에서 거룩한 존재 하나를 찾아냈다. 어느 곳에서도 정착하지 못하는 광대는 위선의 가면을 쓰고 있는 바로 루오 자신임을 뒤늦게 알게 된 것이다.

루오는 창녀들의 참모습을 그리기 위해 가까이 다가갔지만 한 번도 그녀들의 몸을 탐한 적은 없었다. 난쟁이 화가 로트렉을 비롯하여 고갱과 마네 등 많은 화가들이 매독에 걸려 육신이 고통당하며 살았다. 그러나 루오는 그리스도의 모습을 화폭에 옮기는 종교 화가로 87년 생애를 살면서 창녀와 광대들을 한결같은 사랑으로 대해왔다.

이와는 반대로 판사, 검사, 변호사 등 법을 만지는 사람들을 거짓된 대변자로 보고 싫어하고 미워했다. 근엄한 법복 뒤에서 자신의 진실을 가리고 피고인의 인생을 재단하는 그들을 역겨워했다. 루오는 재판하는 장면의 재판관들을 주제로 여러 작품을 그리면서 권력자들의 악덕과 돈에만 집착하는 혐오스런 얼굴들을 인정머리 없고 심통이 가득한 표정으로 그렸다.

발터 니그는 "루오의 재판관 그림은 '최후의 심판'을 떠오르게 한다. 그 때는 재판관도 피고인이며 공범자로 하나님의 법정에 서게 될 것이란 사실을 상기시킨다."며 루오의 평소 생각과 호흡을 같이했다. 루오는 창녀와 광대와 같은 몸과 마음에 상처를 입은 사람들을 보는 눈길과 애정은 그리스도가 그랬던 것처럼 변함없이 사랑에 가득 차있었다. 그는 "태양 아래서 자행되는 모든 억압을 보았다. 그들을 위로해줄 사람은 아무도 없다."면서 불의를 당하는 하층민을 볼 때마다 절규하면서 그들을 구제해 주지 못하는 법관들을 미워하는 마음은 그대로 지속하고 있었다.

　루오가 그린 「베로니카」란 작품을 보면 성품이 그대로 드러나 있다. 예수님이 무거운 십자가를 지고 골고다 언덕을 올라갈 때 땀과 피가 범벅이 된 얼굴을 베로니카가 닦아 드렸는데 그 수건에 그리스도의 얼굴이 찍혀 있었다. 수건은 로마 성 베드로 성전에 모셔져 엘그레코를 비롯한 많은 화가들이 그림을 그렸으며 참배객들이 줄을 이었다.

　대부분의 화가들은 예수의 얼굴만 그리든가 베로니카가 들고 있는 수건을 그렸지만 루오는 베로니카의 얼굴을 그렸다. 그는 자신을 드러내지 않았으며 그리스도의 얼굴 대신에 울면서 피눈물을 닦는 성녀의 영혼만을 화폭에 담았다. 매춘부와 광대들의 안타까운 삶을 가슴에 품고 살아온 루오의 생애를 이 한 장의 그림이 설명하고 있다. 아멘, 알렐루야.

기차는 8시에 떠나네

알프레드 시슬레 Morning, 1888년, Oil on canvas, 60×73cm

기차는 여덟 시에 떠나네
트레이시 에민

●

Tracey Emin

오귀스트 로댕의 「키스」를 보기 위해 올림픽 공원 소마미술관을 찾았다. 관객들이 가장 사랑하는 작품이 「키스」라는 기사를 읽고 이번 기회에 로댕의 섬세한 끌질과 망치질을 눈 속에 가득 채우리라 마음먹었다. 그런데 그게 아니었다. 「키스」란 작품은 너무 섬세하고 아름다워 내가 샅바를 잡고 밭다리 후리기 기술을 넣기에는 버거운 상대였다. 글깨나 쓰는 선비들이 시를 지으려고 금강산을 찾았지만 거대한 자연에 압도당해 글 한 줄 읊지 못하고 발걸음을 돌렸다는 옛 일화와 궤를 같이한다.

나는 명화전을 보러 갈 때마다 대어를 낚을 준비를 했지만 한 번도 성공한 적이 없다. 남들이 잔챙이 취급하는 소품들이 오히려 내게는 월척이었다. 갈 때마다 그랬다. 명화에 나름대로 이야기를 입힐 수 있는 작품이라야 내 스스로 빠져들어 글 한 편이라도 쓸 수 있지만 이미 이름난 작품에는 범접하기가 쉽지 않았다.

영국 왕립미술관 소장 테이트 누드 명작전에서도 그랬다. 흔히 대작이라 일컫는 큰 그림은 그저 '좋다'는 생각만 들뿐 영혼을 뺏길 정도의 느낌은 없었다. 그런데 깜짝 놀랐다. "너에게 마지막으로 했던 말은 '날 버리고 떠나지 마.'"란 작품 앞에 서자 감동과 감격이 한꺼번에 밀려오면서 그림이 노래로 변하는 현장같이 느껴졌다.

송판의 회색 페인트칠이 벗겨진 구석 자리 나무 바닥에 여인이 앉아 있다. 왼쪽 어깨에 박쥐 문양의 작은 문신을 한 젊은 여인이 벽을 맞대고 발가벗은 채 앉아 있는 작품이다. 여인은 처해 있는 상황을 움직이지 않는 굳은 몸짓으로 절묘하게 표현하고 있다.

"날 버리고 떠나지 마."란 신파극 대사 같은 이 말에 끌려 발걸음이 떨어지지 않아 한참이나 멍하게 서 있었다. 그림은 정지된 동영상처럼 내 의식의 기저에서 흔들리지 않고 그대로 머물러 있었다.

이윽고 그리스 성악가 아그네스 발차가 부른 「기차는 여덟 시에 떠나네」란 서러운 노래가 벗은 여인의 살갗과 머리칼 속으로 파고드는 것 같았다. 왜 버림받은 여인의 나상 위로 여덟 시에 떠나는 기차가 달려드는 걸까.

"날 버리고 떠나지 마."란 말은 너무 애틋하다. 창고 구석에 쪼그리고 앉아 있는 여인의 무언 절규치곤 너무 강렬하다. 한참 들여다보고 있으면 그 말은 내가 어느 소녀의 뒤통수에 대고 "떠나지 마".라고 소리치는 장면인지 아니면 내 등 뒤에서 어느 여인이 내뱉는 말인지 도무지 짐작이 가지 않았다.

이 작품은 트레이시 에민(1963~)이란 작가가 1992년 마케이드 해변 자신의 오두막에서 찍은 누드이다. 그녀는 이렇게 중얼거렸다. "오두막은 낡고 황량하다. 나도 그렇게 되면 정말 어울릴 것이라 생각했다. 거긴 약간의 종교적인 분위기가 있어서 자주 기도드리는 장소로 이용했다." 에닌의 작품은 단순한 풍경이나 형상이 아니라 시를 품고 있기도 하고 때론 스토리텔링으로 적합한 산문이 들어 있어 자전적이며 명상적이다.

이 작품도 사랑하는 이와 헤어져 헛간 같은 곳에 버려졌는지 어쨌는지는 알 수가 없다. 그러나 그녀의 과거 이야기의 한 토막인 것은 분명한데 새드엔딩의 구체적 설명은 다만 여운으로 남기고 있을 뿐이다. 이 작품을 오래보고 있으면 작가의 내면으로 흡인되어 함께 눈물까지 흘릴 경지에 도달하게 된다. 그렇지만 그 순간이 끝나면 고통스러운 과거로부터 탈출하여 안온한 평화를 느낄 것만 같다. 이것이 바로 고통을 함께 나누려는 작가가 노리는 효과인지 모른다.

나는 이 작품을 보는 순간 왜 얼어붙어 버렸을까. 작가의 「날 버리지 마」란 작품이 주는 슬픔의 의미와 아그네스 발차의 '여덟 시에 떠나는 기차'의 이미지가 한데 어우러져 내 의식 속에서 굴러가는 서러운 눈덩이로 만들어 버린 것이리라.

이 노래는 그리스 영웅 미키스 테오도라키스가 작곡한 곡으로 민속악기인 부주카가 빚어내는 애잔한 선율이 이별의 안타까움을 흥건하게 적셔낸다. 노래의 내용은 나치에 저항했던 그리스의 젊은 레지스탕스 청년이 돌아오기만을 기다리는 여인의 이야기다.

　그리스 영화 「나타샤」에서도 이 노래에 걸맞은 장면이 나온다. 항독 레지스탕스가 되기 위해 떠나는 청년을 사랑하는 금발 처녀가 맨발로 따라가는 장면이 일품이다. 청년은 떠나버리고 한 동네 살던 남자가 나치 장교가 되어 나타샤에게 사랑을 고백하지만 거부하고 구사일생으로 살아남은 사랑하는 청년을 다시 만나 전선으로 뛰어든다. 해방이 멀지 않은 어느 날 청년은 나치의 총탄에 쓰러지고 나타샤만 목숨을 건진다.

　　　카테리니행 기차는 8시에 떠나가네
　　　11월은 내게 영원히 기억 속에 남으리
　　　카테리니행 기차는 영원히 내게 남으리
　　　함께 나눈 시간들은 밀물처럼 멀어지고
　　　이제는 밤이 되어도 당신은 오지 못하리
　　　비밀을 품은 당신은 영원히 오지 못하리
　　　기차는 멀리 떠나고 역에 홀로 남았네
　　　가슴속의 이 아픔을 남긴 채 앉아만 있네
　　　가슴속의 이 아픔을 남긴 채 앉아만 있네

　'날 버리고 떠나지 마.'라고 무언으로 소리치던 여인도 화폭 속에 앉아 있다. 카테리니행 기차를 떠나보낸 연인도 플랫폼 바닥에 퍼더앉아 있다. 그리움을 가슴에 품고 있는 이들은 슬픔의 무게 때문에 일어설 수가 없다. 우리 모두는 앉아서 울고 있다.

돌아온 탕자

렘브란트 하르먼손 반 레인

●

Rembrandt Harmenszoon van Rijn

「돌아온 탕자」로 유명한 렘브란트 하르먼손 반 레인(1606. 7. 15. ~ 1669. 10. 4.)은 네덜란드 바로크 시대를 대표하는 화가이다. 그는 빛과 어둠의 강한 대비를 능숙하게 다룬 인물의 묘사를 통해 그 속에서 인간의 오묘한 감정을 그림으로 담아내려고 애썼다. 그는 어릴 적부터 공부보다는 그리기에 관심을 가지고 독학으로 친척들의 초상과 성경에 나오는 인물의 특징을 살려 열심히 그렸다. 그래서 일찍부터 초상화 화가로 자리를 굳히고 그 길로 계속 달려나갔다.

렘브란트는 가톨릭 신자인 어머니와 개신교를 믿는 아버지 사이에서 아홉째 아들로 태어났다. 가정환경의 영향으로 기독교 사상이 그를 지배하고 있었으며 그가 그린 많은 작품들이 종교적 또는 신화적 소재에서 벗어나지 않았다. 그는 부유한 부모의 지원에 힘입어 스승을 일찍 만나 기초부터 열심히 닦았다. 14세 때 래이던 대학에 들어갔으나 어려운 학문은 입맛이 당기지 않아 화가 스바넨부르흐 밑에서 그림을 배웠으며 암스텔담으로 나와서는 라스트만의 문하에 들어가 체계를 갖춘 후 독자적인 아틀리에를 열었다. 예나 지금이나 개천에서 용이 나기는 어려웠으며 화가들도 은수저 정도는 물고 태어나야 실력 있는 스승과 좋은 인연을 만날 수 있었다.

렘브란트는 「돌아온 탕자」, 「야경」, 「해부학 강의」 등 600여 점의 유화와 400여 점의 동판화, 2,000여 점의 드로잉을 남긴 대가다. 그렇지만 그의 삶은 그렇게 평탄하지도 않았으며 스스로가 행복하다고 생각하지 않았을 뿐 아니라 자신은 죄를 많이 지은 탕자라고 생각한 듯하다.

렘브란트는 스물아홉 살 때 부잣집 딸인 사스키아 반 윌렌브르흐와 결혼했다. 신부는 결혼 지참금을 4만 길더라는 엄청난 돈을 갖고 왔으며 재능 있고 야심만만한 신랑을 진심으로 사랑했다. 사스키아와의 결혼으로 렘브란트는 신분 상승의 지름길이 일찍 열렸으며 처가의 후광으로 상류사회 인사들과 친할 수 있었다. 덩달아 초상화를 그려 달라는 신청이 쇄도했다.

렘브란트는 막 결혼한 아내를 모델로 「꽃의 여신 초상, 사스키아」를 그렸으며 신랑 신부가 모델이 되어 '술집에서 방탕한 탕자'란 그림을 그리는 등 행복한 신혼 시절을 보냈다. 호사다마란 떠도는 말이 이 집으로 찾아 들어오자 행복이 영원으로 연결되지 않고 급전직하, 불운이란 나락으로 떨어지기 시작했다.

렘브란트, 돌아온 탕자, 1668~1669년, 캔버스에 유화, 264.2×205.1cm

1635년 아들 룸바르투스가 부모의 사랑을 느끼지도 못하고 죽었으며 3년 후엔 맏딸 코르넬리아가 숨졌다. 2년 뒤에는 둘째 딸이 숨을 거뒀으며 또다시 2년 후인 1942년에는 그가 사랑했던 아내 사스키아도 서른 살이란 이른 나이에 머나먼 하늘나라로 떠나고 말았다. 그리고 렘브란트가 가장 사랑한 정신적 지주였던 어머니마저 떠나게 되자 그는 대성통곡도 모자라는 불면의 밤을 홀로 지새야 했다. 곁에 남아 있는 자식이라고는 생후 9개월 된 아들 티투스뿐이었다. 렘브란트는 또 누가 숨질지 모르는 고통의 나날 속에 전전긍긍하며 겨우 목숨만 부지하고 있었다.

　그는 아들 티투스를 키우기 위해 헤이르체 디르흐라는 유모를 집안으로 들였다. 유모는 네덜란드 상선의 선상 나팔수의 과부 아내였다. 그녀가 들어온 후 얼마 되지 않아 서로가 미끄러지듯 내연관계로 접어들었다. 원래 수컷들은 자신의 나이는 아랑곳하지 않고 젊고 예쁜 암컷을 탐하는 것이 에덴에서 내려온 버릇이자 속성인지도 모른다. 렘브란트는 배고플 때 한 술씩 떠먹을 적엔 몰랐지만 이내 유모에게 싫증을 느꼈다.

　그러던 차에 자신보다 스무 살 적은 24세의 헨드리케 스토펠스란 젊고 아리따운 처녀가 암스테르담에서 올라와 모델 겸 가정부로 재택근무를 하게 된다. 렘브란트는 한 지붕 밑에 두 여자와 살게 되면서 질투와 시샘의 풍랑을 용케 참아냈다. 헨드리케가 딸아이를 낳자 렘브란트는 이름을 코르넬리아로 지었다. 첫 아내가 낳은 딸 이름도 코르넬리아였는데 알고 보니 그의 어머니 이름이 코르넬리아였다.

　늦게 들어온 헨드리케가 애정을 독차지하자 심술이 난 유모는 종교재판소에 혼인빙자 간음 혐의와 결혼하지 않은 상태에서 자녀 출산 혐의로 고소했다. 우유부단하게 머뭇거리는 렘브란트를 제쳐두고 헨드리케가 당당하게 재판정에 나가 무죄를 받아냈다. 그러나 재판소는 정신적 보상금조로 200길더를 유모인 헤이르체에게 지급하라는 판결을 내렸다.

그러나 렘브란트는 헤이르체에게 위자료를 주지 않기 위해 가족들을 매수하여 그녀를 정신병원으로 보낸 파렴치한 행위를 저질렀다. 두 여인의 사랑싸움은 결말이 났다고 하지만 렘브란트의 윤리에 어긋난 행동은 역사에 기록될 정도로 지탄받아 마땅하다. 예나 지금이나 세상은 요지경이다.

렘브란트와 헨드리케 사이에 남매가 태어났으나 아들은 1652년에 사망하고 딸은 아버지보다 좀더 오래 살았다. 그러나 렘브란트의 그 많았던 재산은 씀씀이 큰 손이 온갖 저지레를 하는 바람에 다 날리고 1656년 지급불능 선고가 내려졌으며 이어 암스테르담에 있던 저택과 가구가 3회에 걸친 경매로 몽땅 팔려나갔다.

첫 부인 사스키아는 남편이 재혼할 경우엔 지참금을 몰수하여 아들에게 상속되도록 유언을 해 두었다. 부인은 남편의 돈 쓰는 버릇을 간파하고 있었던 것이다. 재정 능력이 없는 렘브란트는 재혼하면 유산을 뺏길 것을 우려하여 헨드리케와 혼인신고를 하지 못하고 살았다. 헨드리케가 운명한 후 눈에 넣어도 아프지 않을 아들 티투스는 결혼한 지 얼마 되지 않아 유명을 달리했다. 렘브란트는 젊은 시절의 화려한 가면을 벗고 유태인이 아닌데도 유태인 구역의 초라한 집에서 임종을 지키는 사람도 없는 가운데 쓸쓸하게 죽음을 맞이했다.

• 렘브란트 하르먼손 반 레인 •

렘브란트의 「돌아온 탕자」는 이 그림을 그릴 당시 그는 죽음을 향해 비틀거리며 걸어가고 있을 때였다. 그는 그림 속에서 탕자를 받아들이는 아버지처럼 행세했지만 실은 탕자가 자신의 모습임을 운명하기 직전에 깨달았을지도 모른다. 유작에 속하는 이 그림은 러시아 상트페테르브르크 에르미타주 미술관에 소장되어 있다. 그는 「돌아온 탕자」를 그리면서 누가복음 15장 29절의 말씀을 여러 번 읽었다고 한다.

아버지의 살림을 창녀들과 함께 삼켜버린 이 아들이 돌아오매 이를 위해 살찐 송아지를 잡으셨나이다. 아버지 이르되 너는 항상 나와 함께 있으니 내 것이 다 네 것이로되 네 동생은 죽었다가 살아났으니 내가 잃었다가 얻었기로 우리가 즐거워하고 기뻐하는 것이 마땅하다 하니라.

오줌과 똥도 예술품

마르셀 뒤샹과 피에로 만초니

Marcel Duchamp & Piero Manzoni

　마르셀 뒤샹(1887~1968)은 천재성이 넘치는 예술가다. 과감함을 넘어선 그의 배짱은 이전에도 그 이후에도 없는 세계적, 아니 우주적이다. 그는 젊은 시절 'R. Mutt'라는 제조업자가 만든 남성용 소변기를 깨끗하게 씻어 '샘'이란 명제를 달아 뉴욕 독립 미술관협회 전시회에 출품했다. 미술계가 발칵 뒤집어진 대사건이었다.

　미래를 내다보는 혜안이 없는 심사위원들은 약간의 논쟁 끝에 이 작품을 전시하지 못하도록 부결시켜 버렸다. "이게 무슨 예술품이야. 예술에 대한 모독이자 외설이야." 대충 이런 의견들이 난무하면서 개들이 오줌을 질금거리며 돌아다니는 전시장 뒷마당에 작품을 팽개쳐버렸다.

나는 뒤샹의 변기 이야기를 삼십여 년 전 미술 잡지에서 잠시 읽어 보고 '별난 놈이 괴상한 짓을 했군.' 하고 책장을 덮어 버렸다. 나 역시 변기 예술에 숨어있는 진면목을 이해하지 못한, 안목이 형편없는 떨거지 수준이었다. 잊어버린다고 까맣게 잊어지는 것은 아니었다. 이상하게도 단 한 번 훑어본 뒤샹이란 이름은 오랜 세월이 지나도록 기억에서 지워지지 않았다. 소변기에 오줌을 누기 위해 바지의 지퍼를 내릴 때 튀어나오는 고추의 두상이 뒤샹의 이름과 발음이 비슷했기 때문이었다.

　첫사랑의 소녀가 문득 생각날 때가 있듯 마르크 뒤샹전이 국립현대미술관 서울관에서 열린다는 소식이 또다시 잠자는 영혼에 불을 질렀다. '갈까 말까' 한참 망설였다. 뒤샹의 변기를 보러 가기를 결정하기까지는 이드와 에고의 싸움이 치열했다. KTX 왕복 차비에 '하루를 날린다.'는 손실이 밑지는 장사로 느껴졌다. '가지 말자.'고 마음을 다독이며 음악을 홑이불처럼 덮고 가만히 누워 있노라니 좀이 쑤셔 아무 일도 손에 잡히지 않았다. 하릴없이 빈둥거리는 일도 남는 장사는 아니었다. 나도 모르게 코레일톡으로 기차표를 예매하고 다음 날 뒤샹의 변기를 보기 위해 달리고 또 달렸다. 이런 본전 싸움은 항상 이드의 승리였다.

　몸은 서울로 달리고 있는데 의식은 반대 방향인 고향으로 향하고 있었다. 고향 집 뒷간은 짚으로 엮은 거적을 둘러 비바람과 타인의 눈길을 막는 문짝이 없는 움집이었다. 금이 간 큰 독을 철사로 조여 땅속 깊숙이 묻고 두꺼운 발 디딤 송판 두 개를 깔아 둔 자연 친화적인 아름다운 공간이었다.

　그 독에는 배설물의 작은 것과 큰 것이 한몫 떨어지기 때문에 건더기보다 국물이 항상 남아돌았다. 자칫 큰 볼일을 볼 때 웅! 하고 금방 일어서지 않으면 국물이 튀어 올라 큰 낭패를 보게 된다. 고향집 '정랑'(변소의 사투리)에 들어갈 땐 짚을 미리 챙겨 찰랑대는 국물 위에 한 겹 덮어 주어야 화를 면할 수 있었다. 뒤샹도 나처럼 뒷간에 얽힌 곤혹스러웠던 숨은 이야기가 트라우마로 작용했거나 아니면 남을 골탕먹일 생각으로 변기를 전시회의 작품으로 내놓지 않았나 싶다.

뒤샹은 출품한 소변기의 작품명을 「샘」이라 정한 것도 보통 사람들이 생각할 수 없는 상상 초월의 세계가 엿보인다. 한 사발 정도의 오줌을 받아주는 소변기가 두레박으로 퍼내도 줄지 않는 샘이란 명찰을 달고 어떻게 유명 전시회의 선수로 뛸 생각을 했을까. 이것부터가 파격이다. 뒤샹의 예술품은 거개가 파격에서 출발하여 전설로 끝난다.

당시 화단의 화가와 평론가들은 뒤샹을 삐딱한 사람으로 오인하고 있었다. 창의력을 짓뭉개는 것은 비난이란 사실을 당시에는 몰랐다. 그는 참신한 아이디어와 선진사고 능력을 실천에 옮기는 강한 카리스마를 지니고 있는 예술가였다. 기존 화가들은 뒤샹이 참신한 아이디어를 가진 예술가란 사실을 알기까지는 꽤 오랜 시간이 걸렸다. 오죽했으면 화단의 거장인 피카소조차 뒤샹의 출현을 경계하고 긴장했을까.

뒤샹은 영국의 사진가 에드워드 무이브리지의 「계단을 내려오는 누드」라는 작품에 영향을 받아 벗은 여인의 움직이는 연속 동작을 입체파 그림으로 표현하여 센세이션을 일으킨 장본인이다. 그 그림은 인물의 움직임을 화폭에 추상화로 표현한 유례가 없었던 회화 작품이었다.

뒤샹은 베껴먹기의 달인이자 그걸 소화하여 자기 것으로 만드는 귀재였다. 그는 '전혀 예술적이지 않은 것을 어떻게 예술 작품으로 변환시킬 수 있을까.'를 항상 고민했으며 '공장에서 생산된 기계제품도 예술가가 선택하여 작품으로 확대 재생산한다면 용도와 기능은 아무 상관없이 새로운 의미를 갖는다.'고 생각하고 그걸 실천에 옮겼다.

그는 젊은 시절 파리와 뉴욕을 오가며 작품 활동을 할 때 프랑스의 약국에서 구입한 주사액이 담긴 둥근 유리병 속의 액체를 쏟아 버리고 빈병을 미국 친구에게 선물한 적이 있다. "병 속에 파리의 신선한 공기 50cc가 들어 있어. 마셔봐, 친구야." 이에 영향을 받았는지 한때 우리나라에서도 프랑스산 빈 캔을 수입하여 '파리의 산뜻한 산소가 담겨 있다.'고 대대적인 선전을 하여 팔아먹은 적이 있다.

뒤샹은 '예술은 모두 아름다울 필요가 없고, 모두가 좋다고 하는 것만이 예술일 필요도 없다. 예술은 주변에서 가깝게 존재하는 것들 속에서 찾으면 된다.'고 주장해 왔다. 루브르 박물관에서 제작한 모나리자 카피 그림에 수염을 그려 넣어 기존의 가치를 조롱하기도 했다.

그는 성의 바꿈을 경험하기 위해 자신이 한동안 여성 차림으로 살면서 에로즈 셀라비(Eroz c'est la vie)란 이름으로 다양한 활동을 하기도 했다. 그것은 괴상한 것과 뒤집기를 좋아하는 뒤샹의 또 다른 낯선 자아自我를 타인에게 보여준 셈이다. 뒤샹은 자신 속에 존재하는 또 다른 존재를 자신만이 보고 즐기는 도플갱어(doppleganger)인지도 모른다.

그는 기존의 질서를 무시하고 새로운 시도를 했던 특이한 예술가 수준을 넘어선 이단아에 가까운 아티스트였다. 뒤샹은 그가 살아온 세월의 몇 배나 더 많은 세월을 앞서 달리면서 창조적 생각을 행동으로 실천한 선구자였다. 그는 미치광이 같은 천재였으며 천재로 가장한 미치광이인지도 모른다.

뒤샹의 작품 소변기 「샘」은 출품한 지 82년 후 뉴욕 소더비 경매에서 1,700만 달러에 낙찰되었다. 디미트리 다스칼로 풀료스란 그리스 사람이 고국의 미술관에 기증하기 위해 구입했다고 한다. 그 소변기는 뒤샹이 뉴욕전시회에 출품한 오리지널 작품이 아니라 1964년 새로 제작한 8번째 에디션으로 가짜라고 불러도 좋을 복사품이었다.

아 참, 고향집 정랑 옆에 무심하게 놓여있던 똥장군을 지금까지 갖고 있었더라면 소더비 경매에 출품하여 돈도 벌고 이름도 날렸을 텐데. 나도 뒤샹처럼 천재가 되고 싶은데 둔재의 대열에서 빠져나오기가 이렇게 어렵다. 허 참, 안타깝기 짝이 없다.

뒤샹은 1968년 저승으로 떠날 때 이렇게 말했다. "50년 뒤 나의 예술품을 보는 감상자들이 계속 안타까운 예술게임을 하기 바란다." 그러고 보니 올해는 뒤샹이 이승이란 무대에서 퇴장한 지 딱 육십일 년째 되는 해이다. 나는 뒤샹이 말한 예술 게임이 너무 난해하여 아직도 그 의미를 찾아다니고 있다.

난해성을 해독하는 솔루션으로 시인 이상의 「오감도」 같은 난해한 시를 계속 중얼거리면 해독이 될까. 아니면 조지 거쉰의 「서머타임(summertime)」을 축축하게 젖은 난해한 목소리로 부르는 여가수 제니스 조플린(Janis Joplin)의 노래를 계속 들으면 풀어낼 수 있을까. 뒤샹전이 열리는 미술관을 열심히 돌아다녔지만 난해함을 풀어낼 어떤 실마리도 잡지 못했다. 에이 씨, 천재들은 하나같이 난해한 족속들이구나.

똥 깡통도 예술품

남성용 소변기가 예술품으로 변신한 이래 이에 상응할 만한 소식이 없었다. 이탈리아 미술가 피에로 만초니(1933~1963)는 자신의 똥을 통조림 깡통에 넣어 황금보다 1만 배가 넘는 비싼 값으로 팔아먹은 세기의 연금술사로 변신, 미술계를 경악게 했다. 소변기를 깨끗이 씻어 유명 미술공모전에 출품한 마르크 뒤샹의 '샘'이란 해괴망측한 작품이 나온 이후에는 예술계를 휘저어 놓을 오줌과 똥 같은 작품은 쉽게 나오진 않을 것 같았다. 그런데 그게 아니었다.

만초니의 아버지는 아들의 작품을 볼 때마다 "네 작품은 똥"이란 말을 곧잘 하곤 했다. 아들은 화가 나고 속이 상해 깡통에 자신의 똥 30g씩을 넣어 90점의 작품을 만들어 "신선하게 생산하여 보존했다."는 라벨을 예쁘게 붙였다. 가격은 "30g의 황금 시세와 동일하다."며 광고 카피를 영어, 독어, 불어, 이탈리아어 등으로 썼다. 1961년 당시 황금 30g은 37달러, 우리 돈 4만 원 정도였다. 2016년에 '예술가의 똥' 69번이 무려 4억 원에 팔렸다. 금값이 오른 요즘 시세로는 220만 원 정도인데 깡통 속의 예술가의 똥은 우와! 1만 배가 넘는 가격이다. 만초니의 똥은 통조림 공장 사장인 아버지가 제작해 준 것이다. 이쯤 되면 똥을 '똥느님'으로 불러야겠다.

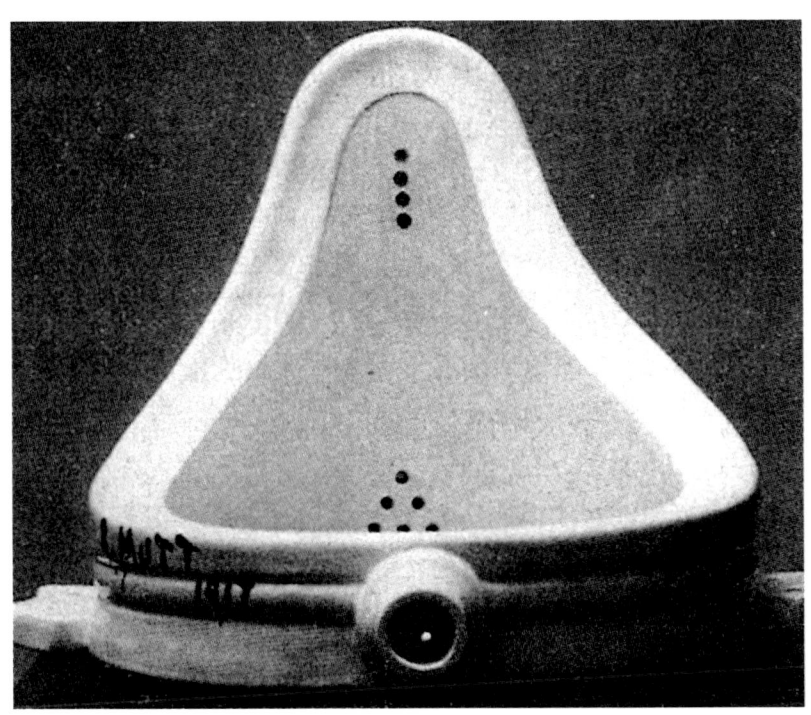

마르셀 뒤샹 샘, 1917년, 높이 63cm

바람쟁이 만나 신세 망친

프리다 칼로

●

Frida Kahlo de Rivera

    프리다 칼로(1907~1954)는 장애자로 태어난 멕시코 여류화가다. 여섯 살 때 소아마비를 앓아 오른쪽 다리가 가늘고 짧으며 열여섯에는 타고 가던 버스가 전차에 받혀 부러질 만한 뼈와 찔릴 만한 살은 모두 찢기고 망가졌다.
    전차와의 충돌사고 때는 척추, 갈비뼈, 쇄골, 골반이 부러지고 왼쪽 어깨와 오른쪽 다리가 탈골되었으며 왼쪽 다리는 11조각이 났다. 22세 때 43세의 남편을 만났으나 그의 끝없는 여성 편력이 그녀의 마음을 갈기갈기 찢어 놓았다.
    그녀는 어떤 난관을 만나도 좌절하지 않았다. 아홉 달 동안 32회의 수술을 받으면서 누워서 지냈다. 그녀는 고통을 이기기 위해 침대 위에 이젤을 놓고 천장에 거울을 달아 자신의 모습을 그리기 시작했다. 육체의 고통은 이를 악물면 참을 만했지만 남편의 지칠 줄 모르는 바람기는 영혼까지 난도질당했다.

프리다는 32세 때 피에르 콜 갤러리에서 열린 '멕시코전'에 자화상을 출품하여 피카소, 뒤샹, 칸딘스키의 찬사를 받으면서 유명해지기 시작했다. 특히 칸딘스키는 등뼈에 철심을 박고 온몸에 못을 박은 「자화상」을 보고 눈물을 흘렸다고 한다. 유명화가들의 좋은 평이 파리에까지 알려져 중남미 여성화가 중 최초로 프리다의 「자화상」이 루브르에 걸리면서 최고의 화가란 타이틀을 거머쥐었다.

그녀의 남편인 디에고 리베라(1886~1957)는 살찐 돼지처럼 생긴 거구의 사내였다. 화집에서 그를 보면 매력을 느낄 구석이 반푼어치도 없는데 여자들은 왜 그에게 열광하는 걸까. 그건 민중벽화를 전문으로 그리는 멕시코 최고 화가란 명성과 재력 그리고 섹스 상대를 구하는 물불 가리지 않는 촉각 등이 한몫을 하지 않았나 싶다.

결혼 초기에 프리다는 정숙한 화가의 아내로 살았지만 리베라의 바람기는 멈출 줄 몰랐다. 세 번의 유산 끝에 더이상 임신은 불가능해졌으며 철제 코르셋이 없으면 몸을 일으킬 수가 없었다. 이런 와중에 디에고는 프리다의 여동생인 크리스티나와 바람을 피워 그녀의 가슴에 비수를 꽂았다. 그뿐 아니라 그녀의 친구인 배우 마리아 펠릭스와도 불륜을 저질렀다.

프리다 역시 이성 문제 있어선 정숙을 앞세울 만치 단순한 여성은 아니었다. 그녀는 결혼 후에 디에고의 마음을 잡을 길이 없어 그녀도 바람 앞에 마주 서서 외로움의 허기를 달래려 했다. 그때 만난 염문의 상대들이 러시아 혁명가 레프 트로츠키, 조각가 이사무 노구치, 사진가 니콜라스 머레이 등이었다. 러시아 볼셰비키 혁명의 주역인 트로츠키는 멕시코로 망명해 리베라의 집에 머물 때 프리다와 밀회를 즐겼으나 아내에게 들켜 사랑의 행각이 오래 가지 못했다.

프리다는 디에고와 두 번 이혼했으나 '성관계를 갖지 않는 것'을 조건으로 재결합했다. 그녀의 빈 가슴 속엔 디에고가 앉아 있다는 걸 늦게서야 알게 됐다. 한때는 프리다의 이마 복판에 디에고의 초상을 그리고 다녔을 정도로 그를 사랑했다. 왜 그랬을까. 다른 남자도 많았을 텐데. 그건 아마 육체가 만난 첫사랑이 디에고가 아니었을까.

프리다는 당돌했다. 몸은 비록 외과 병원의 실험용이었지만 정신은 말짱했다. 머리 좋기로 소문 난 프리다는 책 한 권을 읽으면 외울 정도였다. 프리다는 코요아칸에서 출생했다. 아버지 기예르모 칼로는 독일 출신 유태인 사진사였으며 네 딸 중 프리다가 셋째였다. 그녀는 아버지로부터 음악, 미술, 고고학, 철학을 배웠다. 사진기 다루는 법 특히 얼굴 수정 방법을 습득한 것이 그녀가 초상화를 그리게 된 동기가 된 것 같다. 아버지는 프리다의 재활 훈련의 한 방편으로 자전거, 수영, 복싱, 롤러 스케이팅을 가르쳤다.

그녀는 멕시코 독일계 초등학교를 졸업 후 수재들만 들어간다는 국립예비학교에 입학했다. 의과대학에 진학할 수 있는 과정에 등록했으나 의학에도 미술에도 큰 흥미를 느끼지 못했다. 프리다는 명석한 두뇌로 개혁을 선동하는 동아리에 가담하여 온갖 망나니짓을 저질렀다. 예를 들면 당나귀를 타고 교실 복도를 지나다니거나 폭약에 불을 붙인 개를 풀어 놓기도 했다.

프리다는 이 학교에 다닐 적에 디에고를 운명적으로 만나야 하는 계기가 마련된다. 교통사고가 나기 전인 15세 때 강당에서 벽화 작업을 하는 디에고를 만나 "화가 아저씨, 작업하는 모습이 아주 보기 좋아요." 사다리 위에서 내려다본 디에고는 "소녀의 눈에 기묘한 불길이 타오르는 아이 같지 않은 모습이었다."고 회고한 적이 있다. 프리다는 그 자리에서 세 시간을 머물다 떠났다. 그게 바로 디에고를 향해 쏜 운명의 화살이었다.

5년 뒤 좌파 사진가인 티나 모도티의 소개로 볼리바르 2층 강당에서 벽화 작업을 하던 디에고를 다시 만났다. 두 번의 결혼으로 네 명의 자녀를 둔 디에고는 프리다의 연약하지만 발랄한 외모에 마음을 뺏겼다. 프리다가 풍기는 묘한 매력에서 벗어나지 못한 디에고는 1929년 그녀의 고향에서 결혼식을 올렸다. 지인들은 '비둘기와 코끼리의 만남'이라며 비웃기도 했지만 그들은 개의치 않았다.

디에고와의 결혼은 프리다를 화가의 길로 들어서게 한 결정적 동기가 되었다. 세 번의 유산 끝에 병원으로부터 임신 불가 판정을 받았다. 그녀는 '디에고의 아내로 살기보다는 자신에 충실한 프리다'로 살기로 마음먹었다. 이 시기에 그녀는 피를 토하는 자신의 자화상을 그려 걸작이란 평가를 받았다.

그녀가 생애 동안 그린 143점의 회화 작품 중 55점이 자화상이다. 어떤 작품은 끔찍하면서도 아름답다. 온몸에 여러 개의 화살을 맞고 괴로워하는 사슴의 머리 부분은 프리다 자신의 얼굴을 갖다 붙였다. 자신이 당한 육체와 영혼의 고통을 그렇게 표현한 것이다. 또 등뼈에 철심을 기둥처럼 세우

프리다 칼로 **엘뢰서 박사에게 헌정하는 자화상**, 1940년, 메소나이트에 유채, 59.5×40cm

고 젖가슴을 드러낸 온몸에 못을 박은 자화상의 눈빛은 형형하다 못해 레이저를 발산하고 있다. 어떤 아픔과 고통도 참고 일어서겠다는 의지를 못 자국에서 흐르는 핏방울로 설명하고 있다.

프리다는 처음이자 마지막인 개인전인 '칼로 회고전'에 구급차 침대에 누워 참석했다. 진통제 없이는 잠시도 견딜 수 없는 고통 속에서도 생애의 마지막을 지인들의 기억 속에 남기고 떠났다. 그녀의 일기장 맨 끝에는 이렇게 적혀 있다. "광기의 저편에서 내가 원하는 여인이 되었으면. 나의 마지막 외출이 행복하기를, 그리고 다시는 돌아오지 않기를". 프리다는 '오늘은 남은 생의 첫날'(Today is the first day of the rest of my life.)임을 제대로 알고 즐기다 떠난 멋쟁이다. 그녀의 마지막 작품 제목은 「Viva la vida!」(삶이여 만세!)였다.

자화상이 절규하다
아비그도르 아리카

Avigdor Arikha

  절규는 불만이 불러오는 마지막 몸부림이다. 불만은 가까운 이웃인 탄식을 데려오다 탄식은 제 친구인 절망을 불러들여 "소리치며 울부짖어라."라고 충동질한다. 그것이 절규다. 절규는 천 길 낭떠러지 끝에 깨금발로 서 있는 형상이다. 위로의 말이나 기도가 통하지 않는 처절한 분노이자 공포 그 자체다.

  예술의 전당에서 열리고 있는 '대영박물관전'(Human Image)을 보기 위해 오랜만에 서울 나들이에 나섰다. 영국까지 가지 않고 인류의 귀한 문화유산을 두루 살펴볼 수 있는 기회라니 장사치곤 크게 남는 장사일 것 같았다.

  회화전, 조각전, 문인화전 등 이름 있는 큰 전시회가 열린다는 소문이 나면 그게 보고 싶어 안달이 난다. '가보자'와 '가지 말자'의 두 감정의 패거리 싸움이 벌어질 때마다 엉덩이를 제자리에 붙여 놓을 수가 없다. 앉아서 스트레스를 받으니 훌쩍 떠나버리는 게 훨씬 마음이 편하다. 그런데 다녀오고 나면 큰 전시일수록 기억 속에 남는 것이 없을 때가 많다. 포대는 작은데 넣을 것이 많아 그런가 보다.

몇 번 속고 난 후론 전시물의 전체를 망막 속에 남기지 않는 것이 현명하다는 것을 깨달았다. 바위에 새긴 선각 부처님처럼 아무리 지우려 해도 지워지지 않는 것만 안고 돌아오는 것이 훨씬 배짱 편하고 유익하다. 로댕전에서도, 간송미술관의 혜원 전에서도, 덕수궁 미술관의 근대미술 백인 전에서도 단 하나의 작품만을 기억의 품속에 품고 왔을 뿐이다.

이번의 대영제국의 '영원한 인간전'에서도 이스라엘 화가 아비그도르 아리카(1929~2010)가 그린 「자화상, 어느 날 아침의 절규」(Self portrait, shouting one morning)란 그림을 가슴 속에 넣고 문을 나서버렸다. 먼 길을 달려왔으니 본전 찾을 욕심이 앞서 두 바퀴 반을 돌았지만 기억의 지문으로 남아 있는 것은 거의 없었다. 수많은 조각품과 회화 작품들이 수두룩했지만 다른 것들은 이미 내 것이 아니었다.

아리카의 자화상은 잘 그려진 그림도, 벽에 걸어 놓고 두고두고 쳐다볼 아름다운 작품은 아니었다. 서양화 8호 크기(46.1cm×38cm)의 검은 색 수비 잉크로 포로수용소 죄수를 그린 것 같은 상반신 인물상이다. 죄수 옷 같은 줄무늬 웃옷을 입은 인물상은 이마의 길이가 얼굴의 반쯤 차지하고 머리칼은 그야말로 봉두난발이다. 아무리 잘 봐주려 해도 마음에 드는 구석은 단

한 군데도 없었다.

오른쪽 눈은 검게 칠하여 눈썹조차 보이지 않고 왼눈은 떴는지 감았는지 분간이 되지 않는다. 벌리고 있는 입은 작은 동굴처럼 뻥 뚫려 있고 코 옆 여덟 팔자주름이 깊게 파여 불혹의 나이치곤 너무 빨리 쇠잔해진 애늙은이로 변한 모습이다.

어느 날 아침에 느낀 언짢은 분노가 붓을 들고 자화상을 그릴 때까지 풀리지 않았는지 바야흐로 절규의 감정으로 치닫고 있다. 검정색 톤으로 아무렇게나 쓱쓱 문질러 그린 자화상이 하나하나 따지고 보면 볼품도 없고 별다른 맛이 없는데도 나를 왜 이렇게 질기도록 붙잡고 놓아 주지 않는 걸까. 매력에도 궁합처럼 겉 매력이 있고 속 매력이 따로 있는 것인가.

그건 아마 우리 모두의 울분과 절망을 한 폭의 그림이 대변하고 있기 때문에 그 속으로 빨려들어 자화상의 주인이 바로 나인 듯 순간적인 착각에 빠져든 것이리라. 그것은 바로 감정이입(Empathy) 현상이다. 관조 대상에서 표출된 내용을 보는 이의 눈높이로 이해하고 해석할 땐 곧잘 자신의 감정을 투사하는 법이다. 그 대상이 분노하면 덩달아 분노하고 이별을 슬퍼하면 자신의 옛 연인을 떠나보낼 때의 감정을 끄집어내 함께 울어 버리는 것과 같다.

아리카는 서른 중반에 그동안 걸어왔던 추상의 길을 버리고 흑백의 초상 드로잉과 동판화 연작에 몰두했다. 그날 이후 아내와 친구 그리고 자신을 주로 그리며 홀로 울면서 절규했다. 그는 고독과 고뇌를 이기지 못하는 현대인의 대변인이었다.

그의 친한 친구로는 「고도를 기다리며」의 작가 사무엘 베케트가 있었다.

그렇지만 그림을 그린 동기를 25년 동안 밝히지 않았다. 그러다가 1994년 친구인 영화평론가 알렉산더 워커에게 "1969년 어느 날 아침 기분이 지극히 나쁜 상태에서 그림이라도 그리지 않으면 죽을 것만 같아 그렸을 뿐"이라고 털어놨다. 그림을 찬찬히 보고 있으면 꾸밈이라곤 찾을 수가 없다. 자기가 느낀 감정을 화폭에 그대로 옮겼으며 과감한 터치가 오히려 자연스러울 정도로 단순명쾌하다.

전시장을 돌면서 지킴이가 잠시 자리를 비운 사이 카메라를 꺼내 도둑 셔터를 두 번쯤 눌렀다. 안내 아가씨는 CCTV를 들고 다니는지 홀연히 나타나 "사진 찍으시면 안 되는데요."라고 한마디한다. 급하게 찍느라 초점이 맞지 않는 자화상 절규를 A4용지에 옮겨 책상머리에 붙여 두었다. 이 그림을 보면서 울고 싶을 때 함께 울고, 분노로 치가 떨릴 때 함께 고래고래 고함을 지르는 친구로 삼을 작정이다.

이제 절규를 같이 즐길 친구는 나를 포함해서 네 사람으로 늘었다. 뉴욕 소더비에서 1억 2천만 달러란 경매사상 최고액을 기록한 「절규」(The scream)를 그린 노르웨이 화가 에드바르 뭉크, 이태리 영화 「길」(La strada)에서 연인 젤소미나를 저승으로 떠나보내고 절규하는 잠파노 역을 맡았던 앤소니 퀸 그리고 「아침의 절규」를 그린 아리카가 그들이다. 나중 저승에서 만나면 절규시사絶叫詩社란 모임을 만들면 어떻겠냐고 제의해 봐야겠다. 운동선수들처럼 스크럼을 짜고 풀쩍풀쩍 뛰면서 함께 울며 고함지르면 정말 재미있을 것 같다,

• 아비그도르 아리카 •

하늘과 공기만 그린 화가
알프레드 시슬레

Alfred Sisley

알프레드 시슬레(1839. 10. 30. ~ 1899. 1. 29.)는 영국 국적으로 프랑스에서 태어나고 성장했으나 죽을 때까지 프랑스 국적을 취득하지 못한 인상파 화가다. 그는 파리에서 실크 사업으로 성공한 아버지 윌리엄 시슬레와 음식 전문가이자 플로리스트인 어머니 펠리시아 셀 사이에 태어났다. 1857년부터 4년 동안 아버지의 대리인으로 런던에서 지낸 시기와 몇 차례 잉글랜드에 여행을 다녀온 것을 제외하면 전 생애를 프랑스에서 보낸 파리 사람이다.

스물한 살 때 미술에 흥미를 느끼고 에콜 데 보자르에 들어가 본격적인 미술 공부를 했으며 그 후에 스위스 출신 글레르의 작업실을 찾아가 그의 문하생이 되었다. 여기에서 인상파 화가인 모네, 르누아르, 바지유 등을 만나 그림에 관한 이야기를 듣고 귀가 열리게 된다. 그들은 빛의 변화와 효과에 대해 열심히 관찰하고 그걸 화폭에 옮기는 것을 보고 시슬레는 야외로 나가 풍경을 그리면서 몸으로 빛을 체득하기 시작했다.

그때까지만 해도 젊은 인상파 화가들의 선배 격인 화가들은 고전주의 화풍에서 벗어나지 못했지만 인상파 화가들은 익숙하지 않은 것들까지도 관심을 가지고 자신들의 것으로 소화했다. 초기 인상파 친구들의 그림은 색채부터 신선했고 공간을 활용하는 방법이 남달랐다. 그래서 자신들만의 전시 공간을 확보하여 고객들에게 그림을 파는 길을 확보하기에 이르렀다. 시슬레는 아버지로부터 재정적 지원을 받았기 때문에 생활이 그리 쪼들리지는 않았지만 모네와 르누아르는 그림 한 점 팔리지 않으면 가난에 목이 졸리곤 했다.

시슬레는 26세 되던 해인 1866년 브르타뉴 지방 출신인 마리라는 별명을 가진 유진 외제닉이란 처녀와 동거하면서 피에르와 잔이란 남매를 낳았다. 1년 뒤 결혼식을 올린 시슬레는 클리치가에 살면서 예술가들의 단골집인 게르부아 카페에 드나들며 친교를 맺었다.

그것도 잠시, 아버지의 사업이 내리막길을 걷게 되자 어쩌다 한 점 팔릴까 말까 하는 그림을 팔아 생계를 꾸렸지만 궁핍한 생활은 좀처럼 풀리지 않았다. 인상파 친구인 모네와 르누아르는 빈곤을 극복하기 위해 열심히 그림을 그린 결과 그들의 그림 값은 계속 올라갔지만 시스레의 그림은 좀처럼 팔리지 않았다. 시슬레는 부자 아버지의 지원만 믿고 취미 삼아 그림을 그린 결과가 이렇게 뒤바뀐 것이다.

• 알프레드 시슬레 •

세상살이는 살아보면 알게 되지만 초년 고생이 노력만 하면 늘그막 고생은 면할 수 있다. 그렇지만 어린 시절 부모덕에 잘 살았던 금수저 인생이라도 근검절약하지 않으면 흙수저로 바뀌는 경우가 허다하다. 그것은 이를 악문 피나는 노력을 했는지 아니면 젊을 때 허랑방탕한 생활을 했는지가 결정한다.

  시슬레는 젊은 시절 동료들에 앞서 1865년에 살롱전에 입상했으며 1868년에도 살롱전에 두 번째로 당선되어 화가로서 확실하게 입지를 굳혔다. 1890년엔 프랑스 국립 미술협회 명예 회원으로 선출되었으나 그게 그림값에는 전혀 영향을 미치지 않았다. 보불 전쟁이 터져 전화를 피해 런던에 가 있는 동안 살던 집은 불타고 모아둔 그림은 대부분 약탈당해 초기 작품은 건질 수가 없었다. 다만 1864년에 그린 「작은 마을 인근의 오솔길」이란 작품만 겨우 찾았다.

  시슬레는 그림을 그리지 않고 노는 날은 하루도 없었다. 그는 그림을 팔기 위해 유명한 화상 뒤랑뤼엘을 만나 부탁을 했으나 구매자를 만나지 못했다. 1872년 그는 파리 서쪽 마를리 숲 근처 루브시엔 마을 부근으로 옮겨 풍경이 아름다운 그림을 열심히 그렸다. 그는 그때까지 파리 사람들이 고전이라며 손사레 치는 풍경 쪽에 매몰되어 있었지만 모네와 르누아르는 인상파들이 즐겨 그린 빛이 변화하는 새로운 그림들을 그려 돈과 명성을 거머쥐고 있었다. 시슬레는 인식의 변화를 모색하지 않고 옛날 그림만을 그리고 있었으니 팔릴 리가 없었다.

  1880년 그는 다시 가족들과 함께 바르비종파 화가들이 작업하던 퐁텐블로 숲 근처인 모레쉬르루앙으로 이사했다. 그는 마음에 드는 풍경 속의 하늘과 공기를 맘껏 그렸다. 시슬레는 변화에 빨리 적응하지 못하고 실험정신이 약해 속도 빠르게 변하는 현실을 따라잡지 못했다. 그렇다고 시슬레가 인상파의 강령을 외면하지 않았으며 햇빛의 움직임에 따라 시시각각 변하는 풍경의 인상을 화폭에 부지런히 옮겼지만 평론가들은 유독 시슬레에게만 인색했다.

미술사학자 안 풀레는 "퐁텐블로 숲 주변의 조용한 풍경과 끊임없이 변하는 공기는 그의 재능에 딱 맞아 떨어진다. 그러나 모네와 달리 사나운 대양과 빛나는 색채의 풍경은 찾으려 들지 않고 있다."고 말한 적이 있다. 또 다른 평자는 "시슬레의 그림은 고전주의 작품처럼 마무리가 매끄럽지 못하며 사실주의 작품처럼 자세한 묘사가 없어 엉거주춤하다. 인상파 화가처럼 색채나 기법에 있어 화려한 붓 터치가 두드러지지 않고 무채색과 비슷한 일관성을 보여 답답하고 지루하다."고 했다.

예나 지금이나 마찬가지로 영향력 있는 평론가의 한마디에 고객들은 멋모르고 따라오기 마련이다. "그의 그림은 영국화가 터너와 자연주의 화가 코로의 중간 느낌으로 평화로운 마을의 조화로운 배치와 안정적 구도는 읽기 편한 시 한 편을 읽는 것 같다." 이런 평들이 파리의 하늘가에 떠돌고 있으니 어느 누가 시슬레의 그림을 사겠는가.

모네와 르누아르의 그림은 엄청나게 비싼 가격에 팔리자 시슬레는 질투가 날만도 하다. 그는 옛 친구들과의 만남을 피했으며 화가들이 밤마다 모이는 게르부아 카페에도 발길을 끊었다. 고집이 세면 친구들이 떠나고 친구

알프레드 시슬레 **모레의 다리**, 19세기경, 유화, 캔버스에 유채, 73.5×92.5cm

들과 만나 소통하지 않으면 결국 외톨이가 되고 만다. 시슬레는 변화를 감지하지 못하고 풍경에 너무 집착했기 때문에 화가와 평자들이 외면한 것으로 보인다.

1897년 파리 조르주 프티 화랑에서 시슬리 회고전을 열었지만 단 한 점의 그림도 팔리지 않았다. 그가 사망하기 1년 전 프랑스 국적 신청을 했으나 두 번이나 거부당했다. 시슬레는 아내가 죽은 지 몇 개월 뒤 후두암으로 59세를 일기로 한 많은 이승을 하직했다.

그가 남긴 1,000여점의 풍경화는 사후에 비로소 인정을 받기 시작했다. 「모레의 길」과 「모래 더미」는 시카고 미술관에 소장되어 있으며 '모레쉬르 루앙의 다리'와 '모레의 포플러 길'은 파리 오르세 미술관에서 비싼 값으로 사들였다. 이런 명화들이 살아생전에 단 한 점이라도 팔렸으면 만년의 지독한 가난 속에 허덕이진 않았을 것을. 무일푼 영국 국적 화가가 프랑스 산천에 누워 푸른 하늘에 떠가는 하얀 구름을 쳐다보며 한숨짓고 있다. 하늘이여 하늘이여!

구활 미술에세이

인쇄 2021년 4월 15일
발행 2021년 4월 20일

지은이 구활
발행인 서정환
펴낸곳 수필과비평사
주소 서울시 종로구 삼일대로 32길 36(익선동 30-6 운현신화타워 빌딩) 305호
전화 (02) 3675-3885, (063) 275-4000 · 0484
팩스 (063) 274-3131
이메일 sina321@hanmail, netessay321@hanmail.net
출판등록 제300-2013-133호
인쇄 · 제본 신아출판사

저작권자 ⓒ 2021, 구활
이 책의 저작권은 저자에게 있습니다. 서면에 의한 저자의 허락없이 내용의 일부를
인용하거나 발췌하는 것을 금합니다.
COPYRIGHT ⓒ 2021, by Gu Hwal
All rights reserved including the rights of reproduction in whole or in part in any form.
저자와 협의, 인지는 생략합니다.
잘못된 책은 바꿔 드립니다.

ISBN 979-11-5933-327-9 03800

값 16,000원